Grethlein — Reservate der Geltung

EPISTEMATA
WÜRZBURGER WISSENSCHAFTLICHE SCHRIFTEN
Reihe Philosophie
Band 131 — 1993

Thomas Grethlein

Reservate der Geltung

Untersuchungen
zum Verhältnis von Transzendentalphilosophie
zu Hermeneutik und Pragmatik

Königshausen & Neumann

Die Deutsche Bibliothek — CIP-Einheitsaufnahme

Grethlein, Thomas:
Reservate der Geltung : Untersuchungen zum Verhältnis von Transzendentalphilosophie zu Hermeneutik und Pragmatik / Thomas Grethlein. — Würzburg : Königshausen und Neumann, 1993
(Epistemata : Reihe Philosophie ; Bd. 131)
Zugl.: Erlangen, Nürnberg, Univ., Diss., 1990/91 u.d.T.: Grethlein,
ISBN 3-88479-792-1
NE: Epistemata / Reihe Philosophie

D 29

Umschlag: Hummel / Homeyer, Würzburg
Druck: Verlag Königshausen & Neumann GmbH
Gedruckt auf säurefreiem, alterungsbeständigem Papier
Bindung: Rimparer Industriebuchbinderei GmbH

Printed in Germany
ISBN 3-88479-792-1

meinen Eltern
in Dankbarkeit

Inhaltsverzeichnis

Vorwort

Das vorliegende Buch ist eine geringfügig überarbeitete Fassung meiner Dissertation, die unter dem Titel *Geltungsanspruch und Begründung. Untersuchungen zum Verhältnis von Transzendentalphilosophie zu Hermeneutik und Pragmatik* im Wintersemester 1990/91 von der Philosophischen Fakultät der Friedrich-Alexander-Universität Erlangen-Nürnberg angenommen wurde.

Mein besonderer Dank gilt Herrn Professor Manfred Riedel, der die Arbeit mit fruchtbaren Anregungen und großzügiger Geduld begleitet und gefördert hat, dabei aber stets darauf bedacht war, mir alle Freiheit der Gestaltung zu belassen. Herzlichst danken möchte ich auch Herrn Professor Maximilian Forschner, der stets zu kritischer Lektüre bereit war und mir immer wieder mit seinem aufmunternden Rat geholfen hat.

Der Einfluß von zahlreichen intensiven, stets mit »philosophischer Streitlust« geführten Diskussionen mit meinen beiden Freunden, Rudolf Kötter und Heinrich Leitner, kann nicht hoch genug geschätzt werden.

Ferner möchte ich Michaela Moritz für nützliche Hinweise, stilistische Ratschläge und mehrfache Korrekturlesearbeiten vielmals danken. Auch Christoph Hoffmann gebührt mein Dank; er hat die Arbeit gründlich gelesen und einiges Mißverständliche beseitigen helfen.

Frau Ingrid Hülß danke ich dafür, daß sie das erste Typoskript erstellt hat.

In der Schlußphase der Arbeit habe ich von Frau Dr. Sigrid Ballreich-Werner liebenswürdige Unterstützung erfahren; auch ihr gilt mein herzlicher Dank.

1. Einleitung

Probleme der Transzendentalphilosophie

Auch wenn bereits in der mittelalterlichen Philosophie der Hochscholastik eine Lehre von den transzendentalen Prädikaten (den sogenannten Transzendentalien) entwickelt wurde, und von daher die Rede von einer "Transzendentalphilosophie der Alten"[1] durchaus ihre Berechtigung hat, so ist die Transzendentalphilosophie in dem Sinn, wie wir sie heute verstehen, dennoch etwas genuin Neuzeitliches. Ja, Transzendentalphilosophie kann darüber hinausgehend sogar als ein wesentliches Element der Moderne verstanden werden. Sofern man diese nämlich durch eine "Radikalisierung der Ausweisungskriterien"[2] ge-

---

1) Auf sie geht Kant in § 12 der 2. Auflage der *Kritik der reinen Vernunft* (*KrV*) (B 113ff.) ein.
Kants Verhältnis zu der in der deutschen Schulphilosophie überlieferten Transzendentalphilosophie wird ausführlich dargestellt von Norbert Hinske, *Kants Weg zur Transzendentalphilosophie. Der dreißigjährige Kant*, Stuttgart u.a. (Kohlhammer) 1970, vor allem S. 28-72.
Über die Veränderung, die die Transzendentalphilosophie der Alten insbesondere durch Christian Wolff erfahren hat, gibt Auskunft: Karl Bärthlein, *Von der »Transzendentalphilosophie der Alten« zu der Kants*, in: Archiv für Geschichte der Philosophie, 1976 (58. Bd.), S. 353-392; insbesondere S. 360-374. Dort wird deutlich, daß "Kant die vor-wolff'sche Transzendentalienlehre", also die eigentliche »Transzendentalphilosophie der Alten«, gar "nicht mehr kennengelernt hat, sondern nur noch die Fassung in Wolffs Ontologie (tradiert auch durch dessen Schüler, z.B. Baumgarten und Baumeister)." (S. 361).

2) Ernst Tugendhat, *Antike und moderne Ethik*, in: ders., *Probleme der Ethik*, Stuttgart (Reclam RUB 8250) 1984, S. 33-56, loc.cit. S. 41.
Gegen diese Kennzeichnung der Moderne könnte eingewendet werden, daß die Skepsis in der Antike bereits Ähnliches betrieben hat. Dem Pyrrhonismus - um eine besonders elaborierte Form der (antiken) Skepsis als Beispiel anzuführen - ging es allerdings nicht um die **Radikalisierung** von Kriterien; vielmehr wollte dieser "mit seinem Ansatz das **Fehlen** eines Wahrheitskriteriums überhaupt [...] von vornherein erfassen". (Malte Hossenfelder in der *Einleitung* des von ihm herausgegebenen Bandes: Sextus Empiricus, *Grundriß der pyrrhonischen Skepsis*, Frankfurt/M. [Suhrkamp stw 499] 1985, S. 9-90, loc.cit. S. 18f.; Hervorhebung Th.G.). Formen von skeptischer Philosophie scheinen also mehr durch

kennzeichnet sieht, läßt sich Transzendentalphilosophie als ein Versuch begreifen, die sich hieraus ergebenden Forderungen durch eine grundsätzliche "Radikalisierung des Begründungsgedankens"[3] anzunehmen und die damit zusammenhängenden Fragen einer philosophischen Lösung entgegenzuführen. Ebenso wie die Moderne "ihre Normativität aus sich selber schöpfen"[4] muß - denn sie "kann und will ihre orientierenden Maßstäbe nicht mehr Vorbildern einer anderen Epoche entlehnen"[5] -, so hat auch die Transzendentalphilosophie als ein - wörtlich verstanden - **grundlegendes** Erfordernis der Moderne das von jeglicher Normativität beanspruchte Konzept der Geltung aus sich selbst zu gewinnen: Im Anschluß an Kant (und insbesondere infolge von dessen Verknüpfung der Transzendentalphilosophie mit der »kritischen Philosophie«) läßt sich Transzendentalphilosophie als ein spezifisches philosophisches Unterfangen ausweisen, das sich einer methodisch geleiteten **Prüfung** - und gegebenenfalls der Begründung und Rechtfertigung - **von Geltungsansprüchen überhaupt** annimmt.[6]

Wenn die Moderne, wie Jürgen Habermas sagt, "ein unvollendetes Projekt"[7] geblieben ist, so mag (abgesehen von den von ihm angeführten Ursachen) der Grund hierfür auch darin liegen, daß ihr fundierendes Teilprojekt Transzendentalphilosophie sich bis heute mit einer Reihe von Problemen und Schwierigkeiten konfrontiert sieht. Zu diesen gehört:

---

eine Infragestellung von (Wahrheits-)Kriterien überhaupt bestimmt zu sein als durch deren Radikalisierung.

3) E. Tugendhat, *Antike und moderne Ethik*, a.a.O., S. 41.

4) Jürgen Habermas, *Der philosophische Diskurs der Moderne*, Frankfurt/M. (Suhrkamp) 1985, S. 16.

5) Ebenda.

6) "Methodisch" sei einleitend in einem weiten Sinn verstanden. Gemeint ist hier zunächst lediglich eine "nach überlegten Regeln abgefaßte" (Kant, *Logik*, AA IX, S. 139) Prüfung von Geltungsansprüchen überhaupt.

7) J. Habermas, *Die Moderne - ein unvollendetes Projekt*, in: ders., *Kleine politische Schriften I-IV*, Frankfurt/M. (Suhrkamp) 1981, S. 444-464, loc.cit. S. 452.

1. Gegenüber anderen, spezifischen Prüfungsverfahren von spezifischen Geltungsansprüchen (wie etwa dem Experiment in den empirischen Wissenschaften[8]) weist die Transzendentalphilosophie eine ebenso selbstverständliche wie bedeutsame Besonderheit auf, die nur schwer zu lösende **methodische** Schwierigkeiten nach sich zieht: Als Untersuchung von **Geltungsansprüchen überhaupt** erhebt die Transzendentalphilosophie notwendigerweise selbst den von ihr zu prüfenden Anspruch auf Gültigkeit. Es bleibt für sie somit **der Sache nach** letztlich unhintergehbar, daß sie (auch) **selbstbezüglich** ist. Da sie diesem Umstand **der Methode nach** Rechnung zu tragen hat, muß sie (auch) **reflexiv** sein. Und dies heißt zumindest: Es muß für das Vorgehen antizipierend bedacht werden, daß im Falle ihres Gelingens die von der Transzendentalphilosophie erbrachten Gültigkeitsbedingungen auch ihre eigenen Gültigkeitsbedingungen sind.

Wer also "transzendental argumentiert, bezieht sich und sein Tun in sein Argument stets ein".[9] Selbst wenn es keine "strukturelle und durchgängige Selbstbezüglichkeit der gesamten transzendentalen Argumentation"[10] gibt oder geben kann, so bleibt doch die Selbstbezüglichkeit der "Schlußstein" der Transzendentalphilosophie, "der die Argu-

---

8) Auch wenn Kant die Naturwissenschaften gelegentlich als Vorbild für seine Methode übernimmt, so räumt er doch ein: Es "läßt sich zur Prüfung der Sätze der reinen Vernunft, vornehmlich wenn sie über alle Grenze möglicher Erfahrung hinaus gewagt werden, kein Experiment mit ihren **Objekten** machen (wie in der Naturwissenschaft)" (*KrV*, B XVII Anm.; Hervorhebung im Original).

9) Rüdiger Bubner, *Selbstbezüglichkeit als Struktur transzendentaler Argumente*, in: Eva Schaper und Wilhelm Vossenkuhl (Hrsg.), *Bedingungen der Möglichkeit. »Transcendental Arguments« und transzendentales Denken*, Stuttgart (Klett-Cotta) 1984, S. 63-79, loc.cit. S. 72.

10) Hans Michael Baumgartner, *Zur methodischen Struktur der Transzendentalphilosophie. Bemerkungen zu Rüdiger Bubners Beitrag*, in: E. Schaper und W. Vossenkuhl (Hrsg.), *Bedingungen der Möglichkeit. [...]*, a.a.O., S. 80-87, loc.cit. S. 82.

mentation validiert".[11] Transzendentalphilosophie muß, wie bereits angedeutet wurde, jegliche Geltung - und somit auch ihre eigene - aus sich selber schöpfen. Indem die validierende, Geltung verleihende, transzendentale Argumentation ihrerseits der Validierung bedarf, gerät die Transzendentalphilosophie in ein Dilemma: Will sie sich diese Validierung selbst verleihen, so liegt der Verdacht nahe, daß eine petitio principii vorgenommen wird; weist sie ihre Validierung hingegen einem anderen Diskurs zu, so hat sie ihre Aufgabe nicht gelöst oder stellt allenfalls einen Schritt in einem regressus dar.

2. Trotz ihrer Kennzeichnung als **geltungstheoretische** Untersuchung[12] bereitet es Mühe, die Transzendentalphilosophie als **Theorie** auszuweisen, und in der »Geltung« beziehungsweise in den »Geltungsansprüchen« einen dieser Theorie zugeordneten »Gegenstand« oder »Gegenstandsbereich« zu sehen. Eine phänomenale Explikation von »Geltung« oder auch »Geltungsansprüchen« ist, soweit ich sehen kann, bisher nicht geleistet worden.

Gegenstände oder Gegenstandsbereiche müssen jedoch bereits »gegeben« sein, damit eine "Vereinheitlichung von Erfahrungsbereichen zu Theorien"[13] möglich wird. Eine notwendige Voraussetzung für die

---

11) Hans Michael Baumgartner, *Zur methodischen Struktur der Transzendentalphilosophie. [...]*, a.a.O., S. 82.

12) So läßt sich z.B. für Harald Holz Transzendentalphilosophie "heute aufgliedern in die beiden großen Zweige einer, mehr oder minder transzendentalen, Phänomenologie und der Geltungstheorie im engeren Sinn." (H. Holz, *Einführung in die Transzendentalphilosophie*, Darmstadt [Wissenschaftliche Buchgesellschaft] 1985, S. 31).
Für Reinhold Aschenberg hingegen ist sogar erst mit der "Festlegung der Transzendentalphilosophie auf **Geltungstheorie** [...] ein hinreichend präziser Vorbegriff der Idee der Transzendentalphilosophie gewonnen". (R. Aschenberg, *Sprachanalyse und Transzendentalphilosophie*, Stuttgart [Klett-Cotta] 1982, S. 21; Hervorhebung im Original).

13) Stephan Körner, *Erfahrung und Theorie. Ein wissenschaftstheoretischer Versuch*, Frankfurt/M. (Suhrkamp stw 197) 1977 [englisches Original 1966], S. 215.

Bildung von Theorien ist somit nicht erfüllt und eine geltungs**theoretische** Untersuchung scheint insofern nicht möglich zu sein. (Im Zusammenhang hiermit steht vermutlich, daß auch nicht offensichtlich ist, zu welcher Theorie - oder auch Quasi-Theorie - die Transzendentalphilosophie als Alternative konzipiert ist. Sind etwa der klassische Empirismus und der Rationalismus konkurrierende »Geltungstheorien« zur Kantischen Transzendentalphilosophie? Läßt sich »**Geltung**« transzendental besser erklären (beziehungsweise verstehen) als mit Hilfe einer anderen »**Theorie**«?)

Zum Teil mögen diese Schwierigkeiten dadurch entstanden sein, daß der Theorie-Begriff heute zu einem zentralen Begriff der Wissenschaftstheorie geworden ist und deswegen den Wissenschaften im engeren Sinn zugeordnet wird. Jedenfalls aber wird durch die von der Wissenschaftstheorie favorisierte Auffassung des Theorie-Begriffs besonders deutlich, daß "das transzendentale Programm [...] Philosophie aus der Konkurrenz oder auch aus einem Kontinuum mit der wissenschaftlichen Erforschung des Wirklichen ausscheiden"[14] läßt.

3. Nun birgt jedoch der Begriff der Geltung weitere Probleme, die sich nicht nur einer theoretischen, sondern auch einer philosophischen Untersuchung entgegenstellen. Obgleich in der philosophischen Literatur zur Transzendentalphilosophie immer wieder die Bedeutsamkeit des Geltungsbegriffs hervorgehoben wird, so fällt doch auf, daß weder diesem Begriff noch den mit ihm in Zusammenhang stehenden Geltungsansprüchen direkte Aufmerksamkeit entgegengebracht wird. Infolgedessen muß auch eine ausführliche Thematisierung des **Verhältnisses von Geltungsansprüchen und Geltung** vermißt werden.

Zur Trennung von Geltungsansprüchen und Geltung bedarf es zunächst keiner besonderen Anstrengungen: Geltungsansprüche werden

---

14) Rüdiger Bittner, *Transzendental*, in: *Handbuch philosophischer Grundbegriffe*, hrsg. von Hermann Krings u.a., Bd. 5, München 1974, S. 1524-1539, loc.cit. S. 1524.

erhoben; und sofern diese erhobenen Geltungsansprüche eingelöst oder erfüllt werden, ist Geltung **gewährleistet**.

Doch bereits der nächste Schritt wirft zahlreiche Fragen auf, zum Beispiel danach, **wer** (oder auch **was**) Geltungsansprüche erhebt oder »zum Ausdruck« bringt. Sind es die Sätze, denen sie immanent sind (etwa: Alle Aussagesätze erheben einen Geltungsanspruch)? Oder sind es die Sprechakte, mit denen Geltungsansprüche erhoben werden (etwa: Illokutionäre Akte lassen sich auch nach ihren verschiedenen Geltungsansprüchen unterscheiden)? Oder sind es Personen oder Gruppen, die Geltungsansprüche - nötigenfalls explizit erheben (etwa: Jemand gibt kund, daß er mit einem Geschmacksurteil einen bestimmten Geltungsanspruch, beispielsweise auf intersubjektive Gültigkeit, verbindet)?

Ebenso unklar ist auch, wem gegenüber die Geltungsansprüche erhoben werden (müssen oder dürfen). Genügt es, die Geltungsansprüche gegenüber dem oder den jeweils Angesprochenen zu erheben? Oder sind sie an alle (faktisch oder möglicherweise) Betroffenen gerichtet? Oder müssen sie gar gegenüber der idealen, unbegrenzten Kommunikationsgemeinschaft erhoben werden?[15]

4. Wer oder was auch immer Geltungsansprüche erheben mag, es liegt in jedem Falle nahe, sie als **Ansprüche** mit dem juristischen Diskurs in Verbindung zu bringen. Da bereits in der *Kritik der reinen Vernunft* häufig von Metaphern aus dem Gerichtswesen Gebrauch gemacht wird,[16] kann die Transzendentalphilosophie, so scheint es, in Analo-

---

15) Wolfgang Kuhlmann geht sogar so weit, zu behaupten, daß wir Geltungsansprüche **nur** gegenüber der unbegrenzten, idealen Kommunikationsgemeinschaft erheben können, "sonst erheben wir sie in Wahrheit **gar nicht**." (W. Kuhlmann, *Reflexive Letztbegründung. Untersuchungen zur Transzendentalpragmatik*, Freiburg / München [Alber] 1985, S. 37; Hervorhebung im Original).

16) So spricht Kant beispielsweise davon, daß man "die Kritik der reinen Vernunft als den wahren **Gerichtshof** für alle Streitigkeiten" der (reinen) Vernunft ansehen kann (Kant, *KrV*, A 751 / B 779; Hervorhebung Th.G.).

gie zu einem Rechtsstreit gesehen werden, in dem es ja auch um die Klärung von Ansprüchen und eine Entscheidung über ihre Berechtigung geht.

Diese Analogie ist aber aus zweierlei Gründen zweifelhaft. Ist doch ein Rechtsstreit normalerweise "ein Klärungsverfahren von **unmittelbaren Interessen** vor einer **obrigkeitlichen Instanz**, die den **Machtspruch** fällt. Im philosophischen Diskurs", so läßt sich gegen die Analogie zunächst einwenden, "existiert diese obrigkeitliche Instanz nicht"[17] oder nicht mehr, denn die - gewissermaßen undialektischen - Zeiten der Aufklärung sind vergangen, in denen das Ansehen der Vernunft oder der Kritik "keiner bezweifeln kann".[18] Im transzendentalphilosophischen Diskurs kann kein Machtspruch gefällt werden, weil die Philosophie schon lange (oder gar seit jeher) bei vollem Bewußtsein ohnmächtig ist; ja nicht einmal zu einem Schiedsspruch kann es kommen, da es keine bestallten Richter gibt.[19]

---

17) Oskar Negt und Alexander Kluge, *Geschichte und Eigensinn*, Frankfurt/M. (Zweitausendeins) 1981, S. 490 (Hervorhebungen im Original).

18) Kant, *KrV*, A 751 / B 779.
Um eine jener zahlreichen Stimmen zu zitieren, die - der Vernunft eher wohlgesonnen - den Zweifel an ihrem Ansehen als "Sorge um die Vernunft" zum Ausdruck bringen: Die Vernunft "leistet nicht, was ihr zugetraut wurde; sie geht unter, was sie nicht darf, sofern sie die Vernunft sein soll [...]. Wer an die Vernunft glaubt, muß sie, wie der Gläubige seinen Gott, entschuldigen können. Und dies vor allem dafür, daß nicht alle an sie glauben." (Hans Blumenberg, *Die Sorge geht über den Fluß*, Frankfurt/M. [Suhrkamp] 1987, S. 210).

19) Der von Platon im *Siebten Brief* (326 a/b) und in der *Politeia* (V. Buch, 473 c/d) für die Philosophie erhobene Anspruch auf (politische) Herrschaft kann in der Moderne nicht mehr aufrecht erhalten werden. Die Philosophen sind längst nicht mehr Wächter oder Richter, sie sind vielmehr - Nietzsche zufolge - "allesamt Advokaten" (Friedrich Nietzsche, *Jenseits von Gut und Böse*, S.W. Bd. 5, München [dtv] 1980, S. 19).
Ohne Richteramt und ohne obrigkeitliche Instanz aber "bricht jeder politisch und pädagogisch gemeinte Führungsanspruch der Philosophen **in sich zusammen**." (Hauke Brunkhorst, *Der Intellektuelle im Land der Mandarine*, Frankfurt/M. [Suhrkamp] 1987, S. 36., Hervorhebung im Original).

Des weiteren läßt sich vorbringen, daß in der Transzendentalphilosophie auch keine unmittelbaren Interessenkonflikte ausgetragen werden. Es geht ja nicht darum, über jeweils bestimmte Fälle von spezifischen Geltungsansprüchen Verdikte zu fällen, sondern vielmehr werden **Geltungsansprüche überhaupt** verhandelt. Die transzendentalphilosphische Kritik soll "uns die Ruhe eines gesetzlichen Zustandes" verschaffen, "in welchem wir unsere Streitigkeiten nicht anders führen sollen als durch **Prozeß**".[20] Es werden also **Kriterien** dafür gesucht, wie sich Geltungsansprüche überhaupt einlösen oder erfüllen lassen.[21] Nicht um die Schlichtung von (konkreten) Interessenkonflikten geht es also der Transzendentalphilosophie, sondern darum, dem Austragen jener Konflikte eine **Form** zu verleihen, sie in ein **Verfahren** einzubinden.

Auch wenn insofern die direkte Analogie mit dem Rechtsstreit angezweifelt werden kann, so braucht die assoziative Verbindung mit dem juristischen Diskurs dennoch nicht aufgegeben zu werden: Die Transzendentalphilosophie nimmt teil an der konstituierenden Versammlung, sie hat Stimm- und Argumentationsrecht bei der Erörterung der Rechts- und Prozeß**ordnung**.

5. Sofern es um die Rechts- und Prozeßordnung geht, werden - wie erwähnt - **Geltungsansprüche überhaupt** geprüft. Fassen wir unter »Geltungsansprüche überhaupt« alle (einzelnen) Geltungsansprüche zusammen, so werden zuerst Klassifizierungskriterien benötigt, um

Im "kritischen Geschäft" geht es eben nicht um eine Inthronisation der dogmatischen Vernunft. Wohl deswegen ist das skeptische Verfahren der Transzendentalphilosophie "an sich selbst für die Vernunftfragen nicht **befriedigend**, aber doch **vorübend**" (Kant, *KrV*, A 769 / B 797; Hervorhebung im Original).

20) Kant, *KrV*, A 751 / B 779 (Hervorhebung im Original).
Demgemäß spricht Kant auch davon, daß die Philosophie die "Gesetzgebung der menschlichen Vernunft" sei (*KrV*, A 840 / B 868).

21) Zur Gerichtsmetaphorik des Kriterien-Begriffs siehe: Gisela Striker, *Kriterion tes aleteias*, Nachrichten der Akademie der Wissenschaften in Göttingen, I. Philologisch-historische Klasse, Jg. 1974, Nr. 2, S. 51-110, besonders S. 52 f.

schließlich die so gewonnenen verschiedenen **Arten** oder **Typen** von Geltungsansprüchen auf ihre Validierungsmöglichkeiten untersuchen zu können. Selbst wenn der Transzendentalphilosophie solche Klassifizierungskriterien zur Verfügung stehen sollten, würde sie dabei aber nur dann eine ausgezeichnete Stellung gegenüber **spezifischen** Prüfungsverfahren für spezifische Geltungsansprüche innehaben, wenn es ihr gelänge, **alle** (Arten von) spezifischen Geltungsansprüche(n) zu prüfen. In Anbetracht der zu erwartenden Verschiedenheit von (Arten von) Geltungsansprüchen, die hier Berücksichtigung finden muß, bleibt es allerdings fraglich, ob man von **einem** Prüfungsverfahren (der Transzendentalphilosophie) für **alle** Aufgaben Lösungen erwarten darf.[22]

Lehnen wir uns hingegen an den Kantischen Sprachgebrauch an (wo Ausdrücke wie "Erfahrung überhaupt" oder "Dinge überhaupt" Verwendung finden) und verstehen unter »Geltungsansprüche überhaupt« die wesentlichen (formalen?) Elemente von Geltungsansprüchen - um

22) Nur im Kontext einer solchen Auffassung von »Geltungsansprüchen überhaupt« erscheint es sinnvoll, wenn Jean-François Lyotard die Frage stellt: "In welcher Diskursart, in welcher Satzfamilie könnte das Höchste Gericht sein Urteil über Geltungsansprüche fällen, wenn feststeht, daß die Ansprüche je nach der zugehörigen Satzfamilie und Diskursart verschieden sind?" (J.-F. Lyotard, *Der Widerstreit*, München [Fink] 1987 [französisches Original 1983], S. 61). Die Art und Weise wie Lyotard hier die Rechtsstreit-Analogie wieder aufnimmt, ist ein Hinweis dafür, daß Geltungsansprüche von ihm stets als unmittelbare Interessen verstanden werden. Der Philosophie werden somit Ansprüche unterstellt oder Aufgaben zugewiesen, die sie (längst) nicht (mehr) erhebt und deren Bearbeitung auch nicht unter ihre Kompetenz fällt.
Doch ungeachtet dieses Einwands gegen Lyotard trifft dieser einen gewichtigen Punkt, wenn er insistiert, daß die Suche nach der Prozeßordnung selbst wieder ein Prozeß ist oder zumindest als solcher betrachtet oder beschrieben werden kann. Die Abgrenzung des Diskurses über »Geltungsansprüche überhaupt« (des transzendentalphilosophischen Sprachspiels) von den Diskursen über spezifische Geltungsansprüche ist nicht gelöst und offenbart nochmals das reflexive Dilemma (siehe oben S. 15f.): "Fragt man nach der Vernunft (nach dem Grund) der Regeln, so fragt man nach der Vernunft (dem Grund) der Vernunft." (J.-F. Lyotard, *Die Vernunftverwirrung*, in: ders., *Grabmal des Intellektuellen*, Graz / Wien [Böhlau] 1985, S. 32-39, loc.cit. S. 35).

es abermals in Kantischer Redeweise zu umschreiben: sozusagen ihren "Inbegriff" -, so haben wir die Probleme lediglich verschoben. Wir müssen dann zwar nicht mehr einem einzigen Verfahren die Prüfung **aller** Geltungsansprüche zuweisen, wohl aber haben wir uns somit eine Verschärfung des Kriterienproblems eingehandelt. Geltungsansprüche können nun nicht mehr (gleichsam als empirisches Material) klassifiziert werden, um sie sodann transzendentalphilosophisch zu »behandeln«, sondern die Frage, was Geltungsansprüche überhaupt »sind«, wird bereits zum philosophischen Problem.

6. Die Geltungsansprüche geben außerdem Anlaß, ein Verhältnis zu thematisieren, das für die Transzendentalphilosophie von grundsätzlicher Bedeutung ist, nämlich das Verhältnis zwischen Empirischem und Transzendentalem. Eine **strikte** Trennung zwischen Sachverhaltsfragen und Legitimierungsfragen, zwischen der quaestio facti und der quaestio juris, ist für die Transzendentalphilosophie in dem Sinne unerläßlich, daß sie ohne diese Unterscheidung gar nicht möglich ist. Wer immer transzendentalphilosophische Untersuchungen anstellt, wird an irgend einer Stelle diese Unterscheidung aufgreifen oder etablieren müssen.

In vermeintlicher Entsprechung zu dieser strikten Trennung wird das Prädikat »transzendental« häufig als (konträrer oder »ausschließender«) Gegensatz zum Prädikat »empirisch« gebraucht,[23] und in Konsequenz daraus werden schließlich **alle** Sachverhaltsfragen den empirischen Wissenschaften und **alle** Legitimierungsfragen der Transzendentalphilosophie zugewiesen.

Abgesehen von Vorbehalten gegen diese Konsequenz (von denen ein Teil - gegenüber der These von dem **einen** Prüfungsverfahren für **alle**

23) So z.B. bei Thomas Nenon: "Die Bedeutung des Begriffs des »Transzendentalen« ist der Gegensatz zum »Empirischen«." (Th. Nenon, *Objektivität und endliche Erkenntnis. Kants transzendentalphilosophische Korrespondenztheorie der Wahrheit*, Freiburg [Alber] 1986, S. 80).

Legitimierungsfragen - bereits im letzten Abschnitt skizziert wurde), können der strengen Entgegensetzung von Empirischem und Transzendentalem selbst (mindestens) zwei Einwände entgegengebracht werden:

Zum einen erweckt diese Entgegensetzung den Anschein, als sei sie der Transzendentalphilosophie sogar in **methodischer Hinsicht** vorgängig, so daß mit der Transzendentalphilosophie erst dann begonnen werden kann, sofern die Unterscheidung zwischen Empirischem und Transzendentalem bereits akzeptiert ist. Vor diesem Hintergrund müßte es folglich geradezu anrüchig wirken, wenn man das Verhältnis zwischen Empirischem und Transzendentalem als etwas betrachtet, das für die Transzendentalphilosophie selbst (und somit auch »innerhalb« von ihr) erklärungsbedürftig ist.[24] Doch bereits für Kant gehört der "Unterschied des Transzendentalen und Empirischen [...] nur zur Kritik der Erkenntnisse, und betrifft nicht die Beziehung derselben auf ihren Gegenstand"[25]: Was transzendentale Erkenntnis von der empirischen abhebt, ist die **eingeschränkte Gültigkeit** oder, präziser, sind die **eingeschränkten Geltungsansprüche** der letzteren.[26] Und dies kann nur **im Rahmen** einer transzendentalphilosophischen Untersu-

24) Das Befremdliche dieser Position wird durch eine treffende Formulierung von Hansgeorg Hoppe sehr schön deutlich gemacht, wenn dieser einen Aufsatz, der eben jenes Verhältnis zum Thema hat, mit den beinahe entschuldigenden Worten beginnt: "Nach der Bedeutung zu fragen, die im Rahmen transzendentaler Fragestellungen der Empirie zukommt, muß als Zeichen eines fundamentalen Mißverständnisses erscheinen, wenn dabei etwas anderes als die ausdrückliche Ablehnung jedes möglichen Zusammenhangs zwischen beiden im Blick steht." (H. Hoppe, *Die Bedeutung der Empirie für transzendentale Deduktionen*, in: *Kants transzendentale Deduktion und die Möglichkeit von Transzendentalphilosophie*, hrsg. vom Forum für Philosophie Bad Homburg, Frankfurt/M. [Suhrkamp stw 723] 1988, S. 114-134, loc.cit. S. 114).

25) Kant, *KrV*, A 57 / B 81.
Vgl. Kant, *Prolegomena*, AA IV, S. 293: "Das Wort transcendental [...], welches bei mir niemals eine Beziehung unserer Erkenntniß auf Dinge, sondern nur aufs **Erkenntnißvermögen** bedeutet" (Hervorhebung im Original).

26) Siehe Kant, *KrV*, B 4.

chung dargestellt und erörtert werden: Transzendentalphilosophie zielt auf die Unterscheidung und Begrenzung von Geltungs**ansprüchen**.

Zum anderen erweckt die Entgegensetzung den Anschein, als habe die Transzendentalphilosophie nichts mit »der Empirie« zu tun, und zwar in dem Sinne, daß man »der Empirie« weder bedarf noch sie kennen müsse, um Transzendentalphilosophie betreiben zu können.

Auf den ersten Blick scheint man bei Kant für diese Auffassung der strikten Trennung Unterstützung finden zu können, wenn er hervorhebt, daß es das "vornehmste Augenmerk bei der Einteilung" der Transzendentalphilosophie sei, "daß gar keine Begriffe hinein kommen müssen [d.h. dürfen; Th.G.], die irgend etwas Empirisches in sich enthalten".[27] Doch haben wir abermals zu berücksichtigen, daß Kant den Begriff des Empirischen eben nicht im Hinblick auf einen »Inhalt« (oder »Gegenstand«) bestimmt: Anders als der gegenwärtige Sprachgebrauch nahelegt, wird das Empirische nicht durch seinen Gegenstandsbezug, durch seinen Realitäts- oder Wirklichkeitsgehalt ausgezeichnet und kann auch nicht **auf diese Weise** vom Transzendentalen geschieden werden. Die Forderung, Transzendentalphilosophie müsse frei von Empirie, also erfahrungsunabhängig sein, wird lediglich in **methodischer Absicht** vorgebracht: Es soll eine **logische Abhängigkeit** der Transzendentalphilosophie von der Empirie ausgeschlossen werden, denn eine Untersuchung der Gültigkeitsbedingungen von Erfahrung(serkenntnissen) darf nicht selbst ihre Geltung aus der Erfahrung gewinnen. Die Transzendentalphilosophie steht damit vor der Aufgabe, eine Methode zu entwickeln, die eine formale Distinktion von Transzendentalem und Empirischem zu machen ermöglicht, ohne dabei den Bezug zu »der Empirie« (als Wirklichkeit oder Realität) zu verlieren.

---

27) Kant, *KrV*, A 14 / B 28.

7. Doch gerade die Methode der Transzendentalphilosophie sieht sich bis heute in besonderem Maße grundsätzlichen Fragen ausgesetzt. Spätestens seit Beginn unseres Jahrhunderts, als Max Scheler eine Abhandlung veröffentlichte, in deren Titel von der »transzendentalen Methode« die Rede ist,[28] wird dieser Ausdruck auch als Terminus in der philosophischen Forschung im allgemeinen und nicht nur - wie bereits vorher - in der Kant-Forschung im speziellen verwendet.[29]

Will die gegenwärtige Transzendentalphilosophie in ihrer Methode an Kant anknüpfen, so ist hierfür zu bedenken, daß Kant in der *Kritik der reinen Vernunft*, die er eingangs als einen "Traktat von der Metho-

---

28) Max F. Scheler, *Die transszendentale und die psychologische Methode. Eine grundsätzliche Erörterung zur philosophischen Methodik*, Leipzig 1900. Scheler kritisiert in diesem Buch beide im Titel genannten Methoden und favorisiert stattdessen die "noologische Methode". Diese ist "ein Versuch, die bei **Kant** teils zu wenig geschiedenen, teils in Widerspruch zueinander geratenen Methoden der Transszendentalphilosophie und der Transszendentalpsychologie prinzipiell zu einigen. [...] Ihre grundlegenden Begriffe sind: Arbeitswelt und geistige Lebensform." (S. 180; Hervorhebung im Original).

29) Der Ausdruck "transzendentale Methode" avancierte im Neukantianismus "zum Grundbegriff der **Marburger Schule**" (Manfred Baum, *Methode, transzendentale*, in: *Historisches Wörterbuch der Philosophie*, hrsg. von Joachim Ritter und Karlfried Gründer, Bd. 5, Darmstadt [Wissenschaftliche Buchgesellschaft] 1980, Sp. 1373-1378; loc.cit. Sp. 1376).
Die wohl erste Belegstelle (siehe M. Baum, ebenda) für den Ausdruck findet sich bei Alois Riehl, *Der philosophische Kriticismus und seine Bedeutung für die positive Wissenschaft*, 1. Bd., Leipzig 1876, S. 294. Riehl kommt es darauf an, die Kantische Philosophie vom psychologi(sti)schen Vorurteil zu befreien; der "transcendentalen, der eigentlich kritischen Methode" (A. Riehl, ebenda) kommt dabei nur eine kennzeichnende Rolle dafür zu, daß die Kantische Kritik nicht auf Psychologie oder Anthropologie gegründet ist.
Besonders einflußreich für den Wortgebrauch war Hermann Cohen, *Kants Begründung der Ethik*, Berlin 1877. Auch Cohen weist die Psychologie zurück, indem er die anthropologische Art der Begründung ablehnt (S. 15). Die transzendentale Methode, die jedoch bei Cohen als Methode gleichfalls nicht genauer ausgewiesen ist, hat die Aufgabe, die als konstituierende Merkmale des Begriffs der Erfahrung verstandenen Bedingungen der Erfahrung zu entdecken (S. 24).

de"[30] bezeichnet, den Ausdruck "transzendentale Methode" gar nicht verwendet. Und ebensowenig wird in seiner von Gottlob Benjamin Jäsche herausgegebenen *Logik*-Vorlesung eine "transzendentale Methode" ausgewiesen, obgleich Kant dort eine ausführliche Einteilung der in der "Bearbeitung und Behandlung wissenschaftlicher Erkenntnisse"[31] gebrauchten Methoden vornimmt.

Nun gibt es aber in der *Kritik der reinen Vernunft* eine "transzendentale Methoden**lehre**"; doch auch dort wird weder direkte Auskunft darüber erteilt, was unter einer derartigen Methode zu verstehen sei,[32] noch - jedenfalls nicht ausdrücklich - eine solche befolgt. Denn die "transzendentale Methodenlehre" wird lediglich "in transzendentaler Absicht"[33] geleistet, so daß wir in ihr wohl eher so etwas wie ein - mehr »inhaltlich« als »methodisch« verstandenes - Teilstück einer transzendentalen Lehre[34] vermuten dürfen als die Ausführung der (oder einer) transzendentalen Methode.

Die Unmöglichkeit, bei Kant eine - im engeren Sinne - explizite Unterweisung in die "transzendentale Methode" finden zu können, wurde bisweilen zum Anlaß genommen, ihm tatsächlich ein Bewußtseinsdefizit bezüglich seiner eigenen, von ihm angewandten Methode zuzuschreiben.[35] Wohlmeinendere Interpreten hingegen unterstellen, bei

30) Kant, *KrV*, B XXII.

31) Kant, *Logik*, AA IX, S. 148.

32) Kant betont in der "transzendentalen Methodenlehre" sogar eigens: "Von der eigentümlichen Methode einer Transzendentalphilosophie läßt sich hier nichts sagen, da wir es nur mit einer Kritik unserer Vermögensumstände zu tun haben [...]" (*KrV*, A 738 / B 766).

33) Kant, *KrV*, A 708 / B 736.

34) Kant versteht "unter der transzendentalen Methodenlehre" dasjenige, was er in den »Kritiken« zu leisten versucht, nämlich "die Bestimmung der formalen Bedingungen eines vollständigen Systems der reinen Vernunft." (*KrV*, A 706f. / B 735f.).

35) Bereits 1924 bemerkt Max Wundt: "Es ist in der Tat sehr auffallend, wie wenig Kant von seinem eigenen Verfahren Rechenschaft gegeben hat. Gewöhnlich denkt man sich Kant als einen strengen Methodiker, der der Philosophie keinen

Kant gingen die "methodologischen Überlegungen [...] unmittelbar in die systematische Darstellung seiner Erkenntnistheorie ein".[36]

Wer, wie etwa Vittorio Hösle, an ersteres anknüpfend als Konsequenz sogar von einer "irreflexiven Transzendentalphilosophie"[37] bei Kant sprechen will, der muß den Begriff der Transzendentalphilosophie völlig neu bestimmen (denn Reflexivität ist eine wesentliche Forderung, die an transzendentalphilosophische Untersuchungen gestellt wird[38]). Wer aber, wie beispielsweise Jürgen Mittelstraß, an letzteres anknüpfend daran festhalten will, daß "sich mit dem ursprünglichen, Kantischen Sinn von »transzendental« [...] in erster Linie die Idee einer **Methode**"[39] verknüpft, der muß eine umfassende Rekonstruktionsarbeit mit der Kantischen Philosophie vornehmen - und dabei in besonders hohem Maße auf methodische Transparenz bedacht sein oder eine Methodologie der Transzendentalphilosophie mitliefern.

Diese bisherigen, knappen Andeutungen zur Methodologie der Transzendentalphilosophie haben möglicherweise den Eindruck erweckt, transzendentalphilosophische Untersuchungen müßten eine genuine, nur ihnen eigene Methode befolgen (oder gar noch selbst hervorbrin-

Schritt erlauben wollte, ohne daß sie den von ihr zu beschreitenden Weg auf das Sorgfältigste geprüft hätte. Seine Nachfolger dagegen, so meint man, seien in dieser Hinsicht viel sorgloser gewesen, [...]. In Wirklichkeit ist ungefähr das gerade Gegenteil von der üblichen Meinung richtig." (M. Wundt, *Kant als Metaphysiker*, Stuttgart 1924, S. 401f.).

36) Wilhelm Vossenkuhl, *Transzendentale Argumentation und transzendentale Argumente. Überlegungen zur Möglichkeit eines transzendentalen Kriteriums*, in: Philosophisches Jahrbuch, 89. Jg., 1982, S. 10-23, loc.cit. S. 10.

37) Hösle schreibt Kant deswegen "Irreflexivität" zu, weil dieser nirgends versuche, "die eigenen vernunftkritischen Überlegungen zu begründen". (V. Hösle, *Begründungsfragen des objektiven Idealismus*, in: Forum für Philosophie Bad Homburg (Hrsg.), *Philosophie und Begründung*, Frankfurt/M. [Suhrkamp stw 673] 1987, S. 212-267, loc.cit. S. 241).

38) Siehe oben S. 15.

39) Jürgen Mittelstraß, *Über »transzendental«*, in E. Schaper und W. Vossenkuhl (Hrsg.), *Bedingungen der Möglichkeit. [...]*, a.a.O., S. 158-182, loc.cit. S. 159 (Hervorhebung im Original).

gen). Es ist jedoch keinesfalls bereits von vornherein als ein Mangel anzusehen, wenn es der Transzendentalphilosophie nicht gelingen sollte, eine derartige (am besten eben »transzendental« zu nennende) Methode zu entwickeln oder nach einer solchen Methode zu verfahren: Transzendentalphilosophie muß nicht notwendigerweise (ausschließlich) methodisch kennzeichenbar sein oder **eine** (ganz bestimmte) Methode als Spezifikum aufweisen.[40]

Es ist also durchaus denkbar, daß die Transzendentalphilosophie einer »transzendentalen Methode« gar nicht bedarf, so daß es an Stelle der weitreichenden Forderung nach einer eigentümlichen Methode vorerst genügen sollte, wenn wenigstens deutlich gemacht werden könnte, nach welcher Methode Transzendentalphilosophie überhaupt verfährt oder welche (verschiedenen) Methoden ihr zur Verfügung stehen. Diese reduzierte Forderung ist jedoch nicht nur genügend, sondern zugleich auch unverzichtbar, sofern aufrecht erhalten werden soll, daß Transzendentalphilosophie ein spezifisches philosophisches Unterfangen ist, das sich einer methodisch geleiteten Prüfung von Geltungsansprüchen überhaupt annimmt.[41] Doch in der gegenwärtigen transzendentalphilosophischen Diskussion findet sich - ebenso wie schon bei Kant - für methodologische Fragen keine eindeutige Antwort: Transzendentalphilosophie muß immer noch als eine Unternehmung angesehen werden, deren Methode nicht expliziert ist und / oder über deren Methoden kein Konsens erreicht worden ist. (So besteht in der aktuellen Auseinandersetzung beispielsweise sogar nicht einmal Einigkeit

---

40) Wolfgang Röd meint darüber hinaus (und im Gegensatz zu Jürgen Mittelstraß) sogar: "Es wäre falsch anzunehmen, daß die Transzendentalphilosophie durch eine ihr eigentümliche transzendentale Methode bestimmt sei. Bei Kant ist klar zu sehen, daß der Ausdruck »transzendental« nicht eine bestimmte Methode [...] betrifft." (W. Röd, *Transzendentalphilosophie und deskriptive Philosophie als wissenschaftliche Theorien*, in: Gerhard Schmidt und Gerd Wolandt (Hrsg.), *Die Aktualität der Transzendentalphilosophie. Hans Wagner zum 60. Geburtstag*, Bonn [Bouvier] 1977, S. 77-92, loc.cit. S. 77).

41) Siehe oben S. 14.

darüber, ob für sie ein synthetisch-progressives Vorgehen geboten sein soll oder ob analytisch-regressive Mittel ausreichen, damit sie ihre Aufgabe bewältigen kann).

Faßt man die hier (in sieben Punkten und ohne Anspruch auf Vollständigkeit) einleitend skizzierten Probleme und Schwierigkeiten zusammen, so liegt es - im Blick auf Kant - durchaus nahe, Peter Rohs' pointierte Formulierung als treffend zu akzeptieren: "»Transzendentalphilosophie« ist das Zauberwort unter dem Kant seine neue Konzeption von Philosophie vorstellt".[42] Wenn man im Anschluß an diese Bemerkung fernerhin einräumt, daß es "nur wenige Philosophen gibt, bei denen die Frage der richtigen Interpretation so umstritten ist, wie bei Kant",[43] und daß dieser Streit "nicht nur die Details sondern auch die Grundlinien, den Hauptpunkt"[44] betrifft, so ist es auch nicht mehr verwunderlich, daß die aktuelle Konzeption von Transzendentalphilosophie, die sich in allen ihren Spielarten auf Kant beruft, gleichfalls sogar hinsichtlich ihrer Grundlinien heftig umstritten ist.

---

42) Peter Rohs in der *Vorbemerkung* zum Band *Kants transzendentale Deduktion und die Möglichkeit von Transzendentalphilosophie*, herausgegeben vom Forum für Philosophie Bad Homburg, a.a.O., S. 7.

43) Wolfgang Kuhlmann, *Was spricht heute für eine Philosophie des kantischen Typs?*, in: Forum für Philosophie Bad Homburg (Hrsg.), *Philosophie und Begründung*, a.a.O., S. 84-115, loc.cit. S. 85.

44) Ebenda.

2. Transzendentalhermeneutik

Den (zumindest in der aktuellen deutschsprachigen Diskussion) einflußreichsten und wohl auch bedeutendsten Ansatz in der Absicht einer Erneuerung der (Kantischen) Transzendentalphilosophie stellt die sogenannte **Transzendentalpragmatik** dar, die vor allem von Karl-Otto Apel entworfen wurde und seit einigen Jahren auch von dessen Schüler Wolfgang Kuhlmann (der sich insbesondere um die systematische Darstellung und die argumentative Ausarbeitung bemüht) dezidiert weitergeführt wird. Die Transzendentalpragmatik hat es sich zur Aufgabe gemacht, eine "kritische Rekonstruktion und Transformation der klassischen Transzendentalphilosophie im Sinne einer transzendentalen Sprachpragmatik bzw. Semiotik"[1] zu entwickeln. Als tragendes Motiv für ihre Bemühungen darf dabei "die **sinnkritische Form der Letztbegründung**"[2] unterstellt werden.

Beide Aspekte dieses Motivs - sowohl Sinnkritik als auch Letztbegründung - sind in der transzendentalphilosophischen Tradition seit Kant zwar latent vorhanden, sie werden aber erst von Apel und Kuhlmann zum eigentlichen, intendierten Ziel der Transzendentalphilosophie erklärt. Die Transzendentalpragmatik schreibt diesen beiden sehr

---

1) K.-O. Apel, *Fallibilismus, Konsenstheorie der Wahrheit und Letztbegründung*, in: Forum für Philosophie Bad Homburg (Hrsg.), *Philosophie und Begründung*, a.a.O., S. 116-211, loc.cit. S. 161.

2) K.-O. Apel, *Das Problem der philosophischen Letztbegründung im Lichte einer transzendentalen Sprachpragmatik*, in: Bernulf Kanitscheider (Hrsg.), *Sprache und Erkenntnis. Festschrift für Gerhard Frey zum 60. Geburtstag*, (=Innsbrukker Beiträge zur Kulturwissenschaft, Bd. 19), Innsbruck 1976, S. 55-82, loc.cit. S. 73 (Hervorhebung im Original).

unterschiedlichen Aspekten zentralen Stellenwert zu und versucht, diese als heterogene Elemente in **eine** (die transzendentalpragmatische) Konzeption von Philosophie derart zu integrieren, daß sie am Ende zusammengeführt werden können. Dieses Bestreben stößt jedoch auf sachliche Widerstände; denn nicht ohne Grund sind die beiden Elemente in der - man ist versucht zu sagen: gesamten abendländischen - Philosophiegeschichte immer wieder zueinander in Widerspruch geraten: Das Verlangen nach einer rationalen, sinnprüfenden (und in der erhofften und gesuchten Konsequenz auch sinnstiftenden) Orientierungsleistung für die vielfältigen Situationen der Lebenswelt ist bis heute mit der dem "Abschlußgedanken"[3] verpflichteten Suche nach allgemein- und universal-gültigen Prinzipien unvereinbar geblieben. (Man kann in dieser Unvereinbarkeit - ein bißchen pathetisch formuliert - sogar ein wesentliches Movens für die »philosophia perennis« erblicken).

2.1. Zwischen Lebenswelt und Metaphysik

Vor diesem Hintergrund läßt sich Apels (und auch Kuhlmanns) Vorhaben zunächst verstehen als ein anspruchsvoller Vermittlungsversuch zwischen zwei extremen Polen, deren Spannungsfeld schon immer den philosophischen Raum beherrscht hat. Den einen Pol bildet die "Welt der kontingenten Dinge und Ereignisse",[4] in der vor allem konkrete, handlungsorientierte Probleme des Bewirkens und Erzeugens wie auch praxisorientierte Deutungs- und Entscheidungsprobleme entstehen, für

3) Dieter Henrich, *Was ist Metaphysik - was Moderne? Zwölf Thesen gegen Jürgen Habermas*, in: ders., *Konzepte. Essays zur Philosophie in der Zeit*, Frankfurt/M. (Suhrkamp) 1987, S. 11-43, loc.cit. S. 13.

4) J. Habermas, *Metaphysik nach Kant*, in: ders., *Nachmetaphysisches Denken. Philosophische Aufsätze*, Frankfurt/M. (Suhrkamp) 1988, S. 18-34, loc.cit. S. 18.

deren Bewältigung der »gesunde Menschenverstand« eingesetzt wird. Der andere Pol hingegen ist "weit von dem Getümmel der Welt entfernt"[5] - denn erst eine handlungs- und praxisentlastete »Enthobenheit«, die sich von den Kontingenzen und situativen Zwängen unabhängig weiß, ermöglicht die Suche nach den allgemeinen Prinzipien und den ersten Gründen, welche - nicht zuletzt aufgrund ihrer Abstraktheit[6] - dem geschäftigen »gesunden Menschenverstand« nicht in den Blick geraten können. Kurz, bei den beiden Polen handelt es sich einerseits um die Lebenswelt und den in ihr - mehr oder weniger erfolgreich - wirksamen common sense, andererseits um die Metaphysik und den sie motivierenden Anspruch auf strenges, konzeptuelles (und damit diskursives) Beweisen oder Begründen mit dem Ziel, Gewißheit(en) zu erlangen.

Diese beiden Pole sind stets aufeinander bezogen, scheinen sich aber dennoch gegenseitig auszuschließen, da sie zugleich voneinander Abstand nehmen. Bezogen ist die Lebenswelt auf die Metaphysik, weil in den konkreten Problemen der Lebenswelt "**elementare** Orientierungsbedürfnisse des Fraglichen Lebens"[7] als immer schon virulent gedacht werden, so daß in der Lebenswelt die allgemeinen und abstrakten Fra-

5) Marcus Herz in einem Brief an Kant (9. Juli 1771), in: AA X, S. 124.

6) In einer Reflexion aus dem Nachlaß notiert Kant: "Das Vermögen der Regeln in abstracto ist der speculative, das der Regeln in concreto der Gesunde verstand oder gemeine. Dieser muß also nicht sie [die Regeln; Th.G.] in abstracto und allgemein behaupten wollen." (Reflexion 423, AA XV, S. 171).
Auch Lichtenberg sieht in der Abstraktion die entscheidende Differenz: "Die Erfindung der wichtigsten Wahrheiten hängt von einer feinen Abstraktion ab, und unser gemeines Leben ist eine beständige Bestrebung uns zu derselben unfähig zu machen." (Georg Christoph Lichtenberg, *Sudelbücher* [= Schriften und Briefe, hrsg. von Wolfgang Promies, 1. Bd.], München [Hanser] ³1980, S. 11).

7) Ulrich Pothast, *Philosophisches Buch. Schrift unter der aus der Entfernung leitenden Frage, was es heißt auf menschliche Weise lebendig zu sein*, Frankfurt/M. (Suhrkamp) 1988, S. 59 (Hervorhebung Th.G.).

gestellungen der Metaphysik »unweigerlich« generiert werden.[8] Umgekehrt ist auch die Metaphysik auf die Lebenswelt bezogen, weil erstere gerade jene Prinzipien »aufzudecken« sucht, die letzterer »zu Grunde« liegen oder ihr normativ »zu Grunde« gelegt werden sollen.

Abstand hingegen nimmt die Metaphysik von der Lebenswelt, weil sie ein sicheres diskursives **Wissen** von den allgemeinen Prinzipien erlangen will, die Lebenswelt jedoch nicht in der Lage ist, mit einem derartigen, allgemeinen Wissen etwas zu unternehmen. Dementsprechend nimmt auch die Lebenswelt Abstand von der Metaphysik, weil der in der Lebenswelt unablässig bestehende Handlungsbedarf es nicht erlaubt, sicheres Wissen für die jeweils benötigten Entscheidungen zu suchen und weil für sie vor allem Urteile erforderlich sind, auf die in der augenblicklichen Situation zurückgegriffen werden kann: diese (Vor-)Urteile produziert der gesunde Menschenverstand.[9]

Obwohl die beiden Pole aufeinander bezogen sind, hat die Notwendigkeit voneinander Abstand zu nehmen dazu geführt, daß es trotz großer Anstrengungen bis heute nicht gelungen ist, sie miteinander in Verträglichkeit zu bringen.[10]

---

8) Anderer Auffassung ist hier etwa Jürgen Mittelstraß (*Neuzeit und Aufklärung. Studien zur Entstehung der neuzeitlichen Wissenschaft und Philosophie*, Berlin / New York [de Gruyter] 1970, S. 535): "Metaphysische Fragen erheben sich nicht, eben weil sie gar keine elementaren Fragen sind, in einer vor-philosophischen Praxis."

9) In den *Prolegomena* betont Kant - neben der **unmittelbaren** Anwendbarkeit der Urteile des gesunden Verstandes - die Diskursivität der Metaphysik: Es "sind gesunder Verstand sowohl als speculativer beide, aber jeder in seiner Art brauchbar: jener, wenn es auf Urtheile ankommt, die in der Erfahrung ihre unmittelbare Anwendung finden, dieser aber, wo im Allgemeinen, aus bloßen Begriffen, geurtheilt werden soll, z.B. in der Metaphysik, wo der sich selbst, aber oft per antiphrasin so nennende gesunde Verstand ganz und gar kein Urtheil hat." (Kant, *Prolegomena*, AA IV, S. 259f.).

10) Nicht nur in der griechischen und (mehr noch?) in der römischen Antike war die Philosophie einer Lösung dieser Aufgabe näher als sie es in der Gegenwart ist; auch von der Popularphilosophie der deutschen Aufklärung - vor allem von Christian Garve - kann dies behauptet werden. (Siehe hierzu: Arnold K.D. Lo-

Das Spannungsfeld zwischen den beiden Polen - von dem Platons Dialoge ebenso getragen werden wie auch Aristoteles' *Metaphysik* von dort ihren Ausgang nimmt - hat im Laufe der Philosophiegeschichte zahlreiche Modifikationen erfahren. Wenn die Transzendentalpragmatik in der Gegenwart einen Vermittlungsversuch unternimmt, so stehen nicht mehr Lebensklugheit und Metaphysik einander direkt gegenüber, sondern beide Positionen können nur dann lokalisiert werden, wenn eine zweifache Verschiebung der Problemsituation berücksichtigt wird: Der hergebrachte Konflikt kann heute weder ohne das neuzeitliche Vernunftparadigma noch außerhalb des (mit dem Vernunftparadigma in engem Zusammenhang stehenden) Kontextes »der« Wissenschaft erörtert werden.

Angesichts des Paradigmas der Rationalität wird der überlieferte Gegensatz - sozusagen in einem ersten Schritt - verdeckt und zu einer Auseinandersetzung zwischen einer **dialektischen** oder **relativistischen** Vernunftauffassung auf der einen Seite und einer **fundamentalistischen** oder **absolutistischen** auf der anderen. Erschwerend für das Verständnis der Problemverschiebung ist hierbei insbesondere, daß sich die alten Pole nicht einfach auf den neuen Konflikt projizieren lassen. Eine bedeutsame Folge der Kantischen Vernunftkritik war nämlich, daß "Metaphysik und Metaphysikkritik [...] zu einer symbiotischen Einheit"[11] wurden. Mit der Option für die Letztbegründung muß insofern nicht notwendigerweise eine Option für die »alte« Metaphysik verbunden sein - jedenfalls aber darf und muß man von einer heute unternommenen "sinnkritischen Form der Letztbegründung"

renzen, *Philosophie in der Erwachsenenbildung. Untersuchungen zur Legitimationsgeschichte und Ansätze zu einem Konzept exoterisch-lebensweltlich orientierten Philosophierens*, (=Göttinger Beiträge zur universitären Erwachsenenbildung, Heft 8/1986, insbes. S. 144-184 und S. 223-264).

11) Volker Gerhardt, *Metaphysik und ihre Kritik. Zur Metaphysikdebatte zwischen Jürgen Habermas und Dieter Henrich*, in: Zeitschrift für philosophische Forschung, Bd. 42, 1988, S. 45-70, loc.cit. S. 51.

eine Vermittlung der beiden unterschiedenen Arten von Rationalitätskonzepten erwarten.

Zwar kann die Inauguration der Rationalitäts**konzepte** als eine Leistung der Philosophie ausgewiesen werden, jedoch haben sich die beiden Vernunftauffassungen (wenn auch mit unterschiedlicher Geschwindigkeit) zunehmend verselbständigt und in zwei verschiedenen »Wissenschaftstypen« entfaltet. (Es wird schwerlich zu leugnen sein, daß eine Verbindung hergestellt werden kann zwischen dieser, unabhängig von der Philosophie vollzogenen Entfaltung von Rationalität und der seither konstatierten Krise der Philosophie, die sie nicht **nur** als universitäres Fach betrifft). In einer groben Skizze kann der Verselbständigungsvorgang der absolutistischen Vernunft bereits im 17. Jahrhundert als weit fortgeschritten angesehen werden, denn in jener Zeit kommt der "Prozeß der »Entstehung« neuzeitlicher Wissenschaft [...] zu einem gewissen Abschluß".[12] Eine deutliche Trennung von Philosophie und Wissenschaft (im engeren Sinn) ist damit zwar noch nicht sogleich bewirkt worden,[13] aber mit dem experimentellen Beweisverfahren erreichten die positiven Naturwissenschaften schon bald eine so weitreichende rationale Absicherung der Geltung ihrer Sätze (Gesetze), daß sie den aus der »alten« Metaphysik herrührenden Anspruch auf universelle Gültigkeit aufnehmen konnten.

---

12) Wolfgang van den Daele, *Die soziale Konstruktion der Wissenschaft - Institutionalisierung und Definition der positiven Wissenschaft in der zweiten Hälfte des 17. Jahrhunderts*, in: Gernot Böhme, W. van den Daele und Wolfgang Krohn, *Experimentelle Philosophie. Ursprünge autonomer Wissenschaftsentwicklung*, Frankfurt/M. (Suhrkamp stw 205) 1977, S. 129-182, loc.cit. S. 166.
Eine kurzgefaßte, aber dennoch sehr informative Einführung (mit einem Überblick über die wichtigsten Forschungsrichtungen) in die Wissenschaftsentwicklung im 17. Jahrhundert gibt Gernot Böhme in: ders., *Wissenschaft - Technik - Gesellschaft. Zehn Semester interdisziplinäres Kolloquium an der THD*, Darmstadt 1984, S. 45-61.

13) Siehe G. Böhme, *Wissenschaft - Technik - Gesellschaft*, a.a.O., S. 58.

Die relativistische Vernunftauffassung hingegen etabliert sich erst im Verlaufe des 19. Jahrhunderts innerhalb des wissenschaftlichen Kontextes: Sie findet ihren Ort in den Geisteswissenschaften. Spätestens von da an aber - sozusagen nach Vollendung des zweiten Schrittes - müssen die beiden ursprünglichen Positionen abermals in neuer Konstellation betrachtet werden: Aus der Perspektive der Philosophie werden die praxisorientierten Deutungsprobleme nun vornehmlich in einen Zusammenhang mit dem (geistes-)wissenschaftlichen Kontext gestellt und als das hermeneutische Problem des Verstehens exponiert. Und auch die vor allem in ihrer Kritik - der Transzendentalphilosophie - sich wiederfindende Metaphysik wird zunächst mit Hilfe der am Geltungsproblem der wissenschaftlichen Erkenntnis orientierten Interpretation des Neukantianismus an den (natur-)wissenschaftlichen Kontext angebunden.

Nach diesem längeren Exkurs erscheint es folglich durchaus konsequent, wenn in der Formulierung der Transzendentalpragmatik von Apel und Kuhlmann diese historische Entwicklung Berücksichtigung findet, indem immer wieder auch die Idee einer "Transzendentalhermeneutik" ins Spiel gebracht und hervorgehoben wird.[14] Insofern widerfährt der Transzendentalpragmatik auch kein Unrecht, sondern es entspricht sogar ihren Intentionen, wenn ihr die Aufgabe zugeschrieben wird, sie habe den gewissermaßen »offenen« - nämlich ursprünglich lebensweltlichen und inzwischen von der Hermeneutik dominierten - **Verständigungs**gedanken mit dem gewissermaßen »geschlossenen« - nämlich ursprünglich metaphysischen und inzwischen von der Transzendentalphilosophie dominierten - **Begründungs**gedanken zu verbinden. Verknüpft man dieses Desiderat mit der skizzierten Ratio-

14) Siehe z.B. K.-O. Apel, *Der transzendentalhermeneutische Begriff der Sprache*, in: ders., *Transformation der Philosophie*, Bd. 2 (*Das Apriori der Kommunikationsgemeinschaft*), Frankfurt/M. (Suhrkamp stw 165) 1976, S. 330-357.
Für W. Kuhlmann: *Reflexive Letztbegründung. Untersuchungen zur Transzendentalpragmatik*, Freiburg/München (Alber) 1985, besonders S. 14.

nalitätsproblematik, so sollte es der Transzendentalpragmatik sogar gelingen, "die Transzendentalhermeneutik zu formulieren, die dem Verhältnis zwischen dem Daß und dem Was der Rationalitätspräsupposition wirklich gerecht wird".[15] Von der Transzendentalhermeneutik wird im Hinblick auf die Vernunftfrage also erwartet, daß sie ein Defizit zu beseitigen in der Lage ist, das häufig der »klassischen« Transzendentalphilosophie zum Vorwurf gemacht wird: Ein absolutistischer, aber leer bleibender Vernunftbegriff soll abgelöst werden durch eine differenzierte Vernunftkonzeption, die nicht bloß operativ gefaßt wird, sondern inhaltlich gefüllt ist; die Vernunft soll sozusagen Orte in der Welt, ja Heimat in der Lebenswelt finden.

Ehe die methodische Pointe der Transzendentalpragmatik - die Verwendung von Mitteln, die in der Semiotik und in der sprachanalytischen Philosophie entwickelt wurden - näher betrachtet werden kann, ist eine abermalige Präzisierung der historischen und systematischen Situierung der Transzendentalhermeneutik nötig, denn erst dies ermöglicht ein angemessenes Verständnis der Transzendentalpragmatik und eine ausführliche Darstellung des Problems der Geltungsansprüche.

2.2. Zwei Lesarten der Transzendentalhermeneutik

Der Begriff "Transzendentalhermeneutik" läßt zunächst zwei verschiedene Lesarten zu, die, wenn vielleicht auch nur in Nuancen, unterschiedliche Bedeutungen anzeigen: Mit der "Transzendentalhermeneutik" kann sowohl eine **transzendentalphilosophische Hermeneutik** als auch eine **hermeneutische Transzendentalphilosophie** gemeint sein.

15) H. Schnädelbach, *Über Rationalität und Begründung*, in: Forum für Philosophie Bad Homburg (Hrsg.), *Philosophie und Begründung*, a.a.O., S. 67-85, loc.cit. S. 78.

Während im ersteren Verständnis der Schwerpunkt auf einer (transzendental-)philosophischen **Radikalisierung der Hermeneutik** liegt, wird im zweiten Verständnis das Ziel einer (hermeneutischen) **Ausweitung der Transzendentalphilosophie** verfolgt. Die zugrundeliegende Absicht der einen Lesart ist es also, die bereits ausgeübte Sinnerschließung einer verschärften Geltungsprüfung zu unterziehen; die der anderen dagegen, weitere Geltungsansprüche in das schon vorliegende Prüfungsprogramm aufzunehmen.

2.2.1. Transzendentalphilosophische Hermeneutik

Die transzendentalphilosophische Hermeneutik, die zunächst betrachtet werden soll, hat, wie bereits angedeutet, ihre Herkunft in der Hermeneutik selbst. Diese war - lange vor den Umbrüchen des 19. Jahrhunderts - "eine alte Teildisziplin der philosophischen und theologischen Methodenlehre und Methodik";[16] wobei einschränkend angemerkt werden muß: Anfänglich verbanden sich mit ihrem Namen "mehr Ansammlungen praktischer Regeln und nützlicher Hilfskenntnisse als Früchte echten Methodendenkens".[17]

Eine solche, traditionell aus dem Umgang mit literarischen Texten des klassischen Altertums wie auch mit theologischen, philosophischen und - mit etwas anders gelagerter Problemstellung - juristischen Texten erwachsene "Methodik" für deren Auslegung und Deutung kann als Bereitstellung eines lehr- und lernbaren Instrumentariums für die schulmäßige Bearbeitung von (überlieferten) Schriften angesehen werden. Der Gedanke, diese Anleitung für eine regelgeleitete »ars inter-

16) Hans-Georg Gadamer, *Einführung*, in: H.-G. Gadamer und Gottfried Boehm (Hrsg.), *Seminar: Philosophische Hermeneutik*, Frankfurt/M. (Suhrkamp stw 144) ^{2}1979, S. 7-40, loc.cit. S. 7.

17) Ebenda.

pretandi« als "Technologie des Verstehens"[18] zu bezeichnen, liegt in der Tat nicht besonders fern. Jedenfalls hat diese Frühform der "Hermeneutik eine dienende Funktion und bleibt der Sachforschung eingeordnet".[19]

Ohne in den Streit über die Datierung und personale Zuschreibung der ersten Ansätze zu einer **philosophischen** Hermeneutik einfallen zu wollen, dürfte sich Einverständnis darüber erzielen lassen, daß die Hermeneutik von Spinozas - in der Geschichte der Hermeneutik berühmt gewordenem - 7. Kapitel seines *Tractatus theologico-politicus*[20] bis hin zu Friedrich Schleiermachers - nicht weniger berühmt gewordener - Akademierede von 1829 *Über den Begriff der Hermeneutik mit Bezug auf F.A. Wolfs Andeutungen und Asts Lehrbuch*[21] im Umkreis

---

18) Hans Albert, *Erkenntnis, Sprache, Wirklichkeit*, in: B. Kanitscheider (Hrsg.), *Sprache und Erkenntnis*, a.a.O., S. 39-53, loc.cit. S. 50.
Albert schreibt diese Kennzeichnung allerdings - wie ich meine, unzutreffenderweise - auch der gegenwärtigen Hermeneutik zu.

19) H.-G. Gadamer, *Wahrheit und Methode. Grundzüge einer philosophischen Hermeneutik*, Tübingen (Mohr / Siebeck) 41975, S. 173f.

20) Abgedruckt in Benedictus de Spinoza, Werke, lat.-dt., 1. Bd., hrsg. von Günter Gawlick und Friedrich Niewöhner, (Übersetzung von Carl Gebhard), Darmstadt (Wissenschaftliche Buchgesellschaft) 1979.
"Um [...] den Geist von theologischen Vorurteilen zu befreien und um nicht leichtfertig menschliche Empfindungen als göttliche Lehren hinzunehmen", handelt Spinoza im besagten Kapitel der 1670 anonym erschienen Schrift "von der wahren Methode der Schriftauslegung" (S. 230, deutsche Übersetzung an einer Stelle von mir, Th.G., modifiziert. "Ut [...] mentem a praejudiciis theologicis liberemus, nec temere hominum figmenta pro divinis documentis amplectamur, nobis de vera methodo Scripturam interpretandi agendum est").

21) Zu finden in zahlreichen Ausgaben; so z.B. in: F.D.E. Schleiermacher, *Hermeneutik und Kritik. Mit einem Anhang sprachphilosophischer Texte Schleiermachers*, hrsg. von Manfred Frank, Frankfurt/M. (Suhrkamp stw 211) 1977, S. 309-346.
Gerade der Anfang der Rede macht deutlich: Schleiermachers Überlegungen zur Hermeneutik stehen - entgegen Gadamers Meinung (siehe *Wahrheit und Methode*, a.a.O., S. 173) - durchaus in der pädagogischen "Situation der Auslegung, die dem Verständnis [...] des Schülers zu Hilfe kommt". Von dieser Situation jedenfalls nehmen sie ihren Ausgang.

einer (akademisch-pädagogisch motivierten) Nachfrage nach einer Anleitung für die Übung der »Auslegekunst« angesiedelt werden kann.

Dennoch ändert sich mit Schleiermacher die Lage der Hermeneutik - wenn auch noch nicht von einer transzendentalen Hermeneutik die Rede sein kann. Letzteres wird von einigen Interpreten allerdings unterstellt. Sie vermuten zwar in Schleiermachers Bemühungen um eine "allgemeine Hermeneutik" so etwas wie die "transzendentale Wendung"[22] der Hermeneutik, aber es bleibt diese Ansicht doch so lange unbefriedigend oder gar fraglich, als nicht näher ausgewiesen wird, was diese "Wendung" als "transzendentale" auszeichnet. Es ist zwar unbestreitbar, daß die Hermeneutik mit Schleiermacher **beginnt**, ihre Aufmerksamkeit mehr und mehr dem Verstehen selbst zuzuwenden (und dementsprechend stellt sie den »technischen« Aspekt zunehmend in den Hintergrund[23]), doch selbst wenn man einräumt, daß Schleiermachers Hermeneutik dadurch (auch) "**Prinzipien**lehre und nicht nur Kunstlehre des Verstehens"[24] ist, hat man noch kein Argument dafür

---

22) So z.B. M. Frank in seiner *Einleitung* zu Schleiermachers *Hermeneutik und Kritik*, a.a.O., besonders S. 8 und S. 10.
Aber auch Herbert Schnädelbach, *Philosophie in Deutschland 1831-1933*, Frankfurt/M. (Suhrkamp) 1983, insbesondere S. 143-145.

23) Dieser »technische« Aspekt darf aber dennoch nicht ganz geleugnet werden. Schleiermacher liegt durchaus noch an einer "dereinstigen", verbesserten "hermeneutischen Technik". (*Über den Begriff der Hermeneutik [...]*, a.a.O., S. 338).

24) H. Schnädelbach, *Philosophie in Deutschland 1831-1933*, a.a.O., S. 145 (Hervorhebung im Original).
Schnädelbachs Darstellung scheint jedoch insofern unglücklich, als ein Verweis auf Prinzipien nicht schon per se ein Verweis auf Transzendentales ist. Außerdem ist es Schleiermacher im wesentlichen tatsächlich um die Hermeneutik **als Kunstlehre** zu tun. Es sollen nämlich die Regeln der Hermeneutik - man mag sie als Prinzipien bezeichnen - nur deswegen "in geschlossenem Zusammenhang entwickelt werden", damit diese "zu der ihr **als Kunstlehre** gebührenden Gestalt gelangt" (F. Schleiermacher, *Über den Begriff der Hermeneutik [...]*, a.a.O., S. 346; Hervorhebung Th.G.).
Schnädelbach scheint bei seiner Entgegensetzung von Prinzipien- und Kunstlehre zu übersehen, daß das Wort "Kunst" in dieser Zeit durchaus noch Regeln

gewonnen, daß Schleiermacher sich bereits in einer transzendentalen Fragerichtung bewegt. Vielmehr bleibt die "allgemeine Hermeneutik" - als Prinzipien**lehre** - doch von einer transzendentalphilosophischen Geltungsprüfung (des Verstehens) weit entfernt.

Statt also bei Schleiermacher eine "transzendentale Wendung" ausmachen zu wollen, scheint es lohnender zu sein, die Veränderungen der Lage der Hermeneutik unter dem Gesichtspunkt der oben skizzierten Problemsituation (und ihrer Verschiebungen) zu betrachten. Seine "allgemeine Hermeneutik" weist nämlich zwei unterschiedliche Tendenzen auf, von denen die eine den Anschluß an den Wissenschaftskontext (1) ermöglicht, während die andere die Gelegenheit zur Wiederaufnahme der lebensweltlichen Sinnerschließung (2) beinhaltet.

(1) Das Postulat, eine "allgemeine Hermeneutik" zu entwickeln, dient der Vorbereitung eines methodisch vereinheitlichten Typus von Wissenschaften, der sich neben den bereits entwickelten Naturwissenschaften installieren läßt. Jede der zahlreichen, von Schleiermacher vorgefundenen "speziellen" Hermeneutiken, die jeweils auf bestimmte (literarische) Gattungen oder bestimmte Sprachen bezogen bleiben, "ist immer nur Aggregat von Observationen und genügt keiner wissenschaftlichen Forderung".[25] Es gilt somit, **allgemeine Regeln** für ein hermeneutisches **Verfahren** zu finden. Gesucht wird eine "Theo-

---

mitbezeichnet. (Noch bei Dilthey klingt es fast wie eine Selbstverständlichkeit: Es "verfährt jede Kunst nach **Regeln**." W. Dilthey, *Die Entstehung der Hermeneutik*, in: ders., Gesammelte Schriften, Bd. V, S. 317-331, loc.cit. S. 320; Hervorhebung im Original). Für Schleiermacher trägt die Hermeneutik den Charakter der Kunst, **weil** sie Regeln folgt, **weil aber** mit diesen Regeln nicht zugleich ihre Anwendung gegeben ist. (Vgl. F. Schleiermacher, *Hermeneutik und Kritik mit besonderer Beziehung auf das Neue Testament*, in: ders., *Hermeneutik und Kritik*, a.a.O., S. 69-306, insbesondere S. 80f.).

25) F. Schleiermacher, *Hermeneutik und Kritik [...]*, a.a.O., loc.cit. S. 75f. Vgl. auch: *Über den Begriff der Hermeneutik [...]*, a.a.O., wo Schleiermacher betont, daß eine Anleitung für das Geschäft des Auslegens "in würdiger wissenschaftlicher Gestalt den ganzen Umfang und die Gründe des Verfahrens" (S. 309) auseinanderzusetzen habe.

rie",[26] die es erlaubt, "die Art, wie beim Verstehen verfahren werden muß, in einem vollständigen"[27] oder in "geschlossenem Zusammenhang"[28] darzustellen. Schleiermachers Bestreben ist hauptsächlich darauf gerichtet, den Aufbau der **Hermeneutik als Wissenschaft** zu ermöglichen. Um dem zu genügen, will er "die Sätze der hermeneutischen Theorie so konstruieren, daß sie nicht einzelne Schwierigkeiten lösen, sondern fortschreitende Anweisungen zum Verfahren seien, und immer nur mit der Aufgabe im allgemeinen zu tun haben".[29]

(2) Damit die Hermeneutik aber zur Wissenschaft werden kann, so Schleiermachers Gedankengang, muß sie in methodischer Hinsicht von den Restriktionen des Speziellen befreit werden. Diese methodische Verallgemeinerung führt dazu, "daß die Hermeneutik [...] nicht lediglich auf schriftstellerische Produktion zu beschränken ist",[30] sondern daß sich ihr **Aufgabengebiet** auf alles ausdehnt, "wo es im Ausdruck der Gedanken durch die Rede für einen Vernehmenden etwas Fremdes gibt".[31] Die bisherige Hermeneutik krankt nach Schleiermachers Diagnose eben gerade an der jeweils spezifischen Beschränktheit der Applikationsmöglichkeiten der einzelnen Hermeneutiken; darüber hinaus aber reden diese speziellen Hermeneutiken alle zusammen "nur von Schriftstellern [...], welche verstanden werden sollen, als ob nicht auch im Gespräch und in der unmittelbar vernommenen Rede dasselbe vorkommen könne".[32]

Das Ziel, die Hermeneutik zu einer Wissenschaft zu machen, soll zum anderen also auch dadurch erreicht werden, daß ihrem Anwendungs-

26) Siehe z.B. F. Schleiermacher, *Über den Begriff der Hermeneutik [...]*, a.a.O., S. 314f.

27) Ebenda, S. 328.

28) Ebenda, S. 346.

29) F. Schleiermacher, *Hermeneutik und Kritik [...]*, a.a.O., S. 84.

30) F. Schleiermacher, *Über den Begriff der Hermeneutik [...]*, a.a.O., S. 315.

31) Ebenda, S. 314.

32) Ebenda.

bereich die Fixierung auf den »Höhenkamm« der Literatur genommen wird. Die hermeneutische Situation ist für Schleiermacher durch eine Profanierung überall dort gegeben, wo man sich um sprachliches Verstehen von Sprachlichem bemüht. Die alltägliche Aufgabe, "Fremdes" zu verstehen, wird somit letztlich sogar zum Prüfstein für die postulierte wissenschaftliche Methode der Hermeneutik: Erst wenn sich das Verfahren bei der Bewältigung dieser Aufgabe bewähren kann, wird die Methode die erforderliche Allgemeinheit aufweisen.

Anhand dieser Überlegungen gelangt Schleiermacher schließlich zu der weiterreichenden Einsicht - und hierin kann durchaus eine Antizipation von Wittgensteins Verweis auf den Zusammenhang von Sprache und Lebensform[33] gesehen werden -, daß die Sprache nur mit dem "mit ihr zugleich entwickelten und an sie gebundenen gemeinsamen"[34] Leben verstanden werden kann. Diese Einsicht, die im Kontext des Verstehens "des Einzelnen aus dem Ganzen"[35] entstanden ist, bindet die Hermeneutik (gemäß der methodischen Forderung) unauflöslich an die Kontingenzen der Lebenswelt, denn das zu Verstehende (es sei ein »hoher« literarischer oder philosophischer Text oder aber ein alltägliches Gespräch) wird "als eine mit vielen anderen auch anderer Art zusammenhängende Tat"[36] begriffen, die es zu rekonstruieren gilt.

Jedenfalls, so darf festgehalten werden, weist Schleiermachers Bestrebung, eine generelle Methode für die Hermeneutik zu entwickeln, unübersehbar ein szientifisches Moment auf: Die Generalisierung des Verfahrens soll die Wissenschaftlichkeit sichern. Zugleich aber ergibt sich durch diese methodische Verallgemeinerung ein erweiterter Gegenstandsbereich für die Hermeneutik: Die lebensweltliche Sinner-

---

33) Siehe Ludwig Wittgenstein, *Philosophische Untersuchungen*, Frankfurt/M. (Suhrkamp) 1977, § 19 (S. 24f.), § 23 (S. 28f.) und § 241 (S. 139).

34) F. Schleiermacher, *Über den Begriff der Hermeneutik [...]*, a.a.O., S. 337.

35) Ebenda, S. 336.

36) Ebenda, S. 316.

schließung, die mit den alltäglichen Erfordernissen des Verstehens und Deutens gegeben ist, wird nun in der Hermeneutik thematisierbar.

Erst jetzt, im Anschluß an die von Schleiermacher herbeigeführte Veränderung der Hermeneutik, wird es möglich, Überlegungen anzustellen, wie ihr eine "transzendentale Wendung" gegeben werden kann. Dabei vermag die Ausweisung der Transzendentalphilosophie als ein Unterfangen, das sich der Prüfung - und gegebenenfalls der Begründung und Rechtfertigung - von Geltungsansprüchen überhaupt annimmt,[37] die Aufgabe einer transzendentalen Hermeneutik zu verdeutlichen: Es soll das Verstehen auf seine Geltungsbedingungen untersucht werden.

Den beiden bei Schleiermacher aufgezeigten Tendenzen entsprechend kann diese Untersuchung zwei verschiedene Fragerichtungen einschlagen. Unter **Betonung des szientifischen Aspekts** kann versucht werden, den in den und für die Geisteswissenschaften zentralen Begriff des Verstehens zu rechtfertigen und somit ein gegenüber den Naturwissenschaften selbständiges methodisches Prinzip zu setzen - sofern »Verstehen« überhaupt als methodisches Prinzip bestimmt werden kann. (Diese Spielart der transzendentalen Hermeneutik wird also in der Hauptsache in eine Auseinandersetzung mit dem positivistischen Monismus des »Erklärens« geraten). Unter **Betonung des lebensweltlichen Aspekts** hingegen mischt sich die Hermeneutik nicht in die wissenschaftstheoretische Debatte ein, sondern gerät bei der Auseinandersetzung mit dem Verstehens-Begriff in das (unvermittelte) Spannungsfeld der beiden Pole, die den philosophischen Raum schon immer beherrschen.[38]

Beide Spielarten einer transzendentalen Hermeneutik geraten jedoch in kaum zu lösende Schwierigkeiten hinsichtlich der Ausführung ihres

37) Siehe oben, S. 14.
38) Siehe oben, S. 32ff.

Programms, denn es ist nicht ersichtlich, **wie** der Verstehens-Begriff einer transzendentalen Geltungsprüfung unterzogen werden kann. (Da Heidegger diese Schwierigkeiten wahrgenommen hat, sollte dessen fundamentalontologische Radikalisierung der Hermeneutik - entgegen seiner anfänglichen, auch von Gadamer immer wieder hervorgehobenen "transzendentalen Selbstauffassung"[39] -, nicht als transzendentalphilosophische Radikalisierung verstanden werden. Die in *Sein und Zeit* aufgedeckten Strukturen des Daseins werden zwar als ursprünglich und unhintergehbar erachtet - und **in einem übertragenen Sinn** mag ihnen insofern durchaus Apriorizität[40] und ein gewisser Anspruch auf Universalität zugeschrieben werden -, doch muß für Heidegger eine dem Apriorizitätsgedanken und dem Universalitäts-Anspruch Nachdruck verleihende, eigens unternommene Untersuchung der Gültigkeit dieser Strukturen unterbleiben, weil die Frage der Gültigkeit als eine Frage der zu überwindenden Metaphysik angesehen wird.)

Es wurde bereits angedeutet, daß der Begriff der Geltungsansprüche (wie auch der Begriff der Geltung) für die Transzendentalphilosophie

39) H.-G. Gadamer, *Kant und die hermeneutische Wendung*, in: ders.: *Heideggers Wege. Studien zum Spätwerk*, Tübingen (Mohr) 1983, S. 45-54, loc.cit. S. 48. Fast gleichlautend auch in: *Wahrheit und Methode*, a.a.O., S. 249.

40) Wenn Gadamer davon spricht, daß in *Sein und Zeit* Heidegger "die Seinsfrage transzendental instrumentierte" (H.-G. Gadamer, *Der Weg in die Kehre*, in: ders., *Heideggers Wege*, a.a.O., S. 103-116, loc.cit. S. 110), so scheint er - darauf deutet seine Redeweise hin - lediglich in einem übertragenen Sinn auf einen dort verfolgten "apriorischen Begründungsgedanken" (ebenda) hinweisen zu wollen. Auch die in *Wahrheit und Methode* gebrauchte Formulierung vom "transzendentalen Sinn der Heideggerschen Aussagen" (S. 473, vgl. S. 249) läßt eher eine »weiche« Deutung von »transzendental« vermuten; nicht zufällig wird im Anschluß nur vage auf eine Universalisierungstendenz verwiesen: "Durch Heideggers transzendentale Interpretation des Verstehens gewinnt das Problem der Hermeneutik einen universalen Umriß" (S. 249). Schließlich wird von Gadamer schon vorher eingeräumt, daß die Aufgabe, "die transzendentale Fragestellung als eine Konsequenz des neuzeitlichen Subjektivismus zu erkennen und **zu überwinden** [...], dem Ansatz nach schon in »*Sein und Zeit*« lagen." (S. 244; Hervorhebung Th.G.).

selbst zahlreiche Fragen aufwirft.[41] Schon von daher ist ersichtlich, daß die Hermeneutik nicht einfach auf ein bereits bestehendes Verfahren zurückgreifen kann, um die in der Hermeneutik erhobenen Geltungsansprüche zu prüfen und sich auf diese Weise eine "transzendentale Wendung" zu geben. Doch ungeachtet dieser internen Unzulänglichkeit der Transzendentalphilosophie besteht wenig Aussicht auf Erfolg für eine transzendentale Hermeneutik. Solange nicht expliziert ist, um welche (Arten von) Geltungsansprüche(n) es beim Verstehen geht, genügt es nicht, darauf zu verweisen, daß mit oder bei dem Verstehen in der Regel wohl doch irgendwelche (wie auch immer näher zu kennzeichnende) Geltungsansprüche erhoben werden, und aus diesem Verweis die Möglichkeit abzuleiten, den hermeneutischen Grundbegriff transzendentalphilosophisch untersuchen zu können. Zwar nimmt sich die Transzendentalphilosophie der Prüfung von Geltungsansprüchen überhaupt an, und insofern könnte man geneigt sein, zu erwarten, daß sie folglich auch befähigt sein sollte, das hermeneutische Verstehen zumindest indirekt (nämlich qua der dabei erhobenen Geltungsansprüche) zu »bearbeiten« - für eine eigene transzendentale Hermeneutik jedoch, die insbesondere das Verstehen thematisieren will, müßten die dem Verstehen zu Grunde liegenden Geltungsansprüche bereits benannt und strukturiert sein.

Als wenig förderlich oder gar abträglich für eine transzendentale Hermeneutik erweist sich dabei, daß der Weg von der Hermeneutik zur Transzendentalphilosophie durch eine eigentümliche Prädomination des Verstehens-Begriffs (vor den mit ihm verbundenen Geltungsansprüchen) verbaut zu sein scheint. Man kann zwar von Schleiermacher an bezüglich des Verstehens einen Vorgang bemerken, den man mit Gianni Vattimo "als »Explosion« der Hermeneutik bezeichnen könnte: Es ist in der Tat die gesamte moderne Hermeneutik, die, mehr oder

41) Siehe oben S. 16ff.

weniger explizit, **Anspruch auf Universalität** erhebt".[42] Wir sollten uns aber davor hüten, diesen Anspruch auf Universalität als einen Anspruch auf **universelle Gültigkeit** aufzufassen. »Die« Hermeneutik kann nämlich ebensowenig einen universellen Gültigkeitsanspruch anmelden wie - um eine Naturwissenschaft als kontrastierendes und doch zugleich paralleles Beispiel zu nennen - »die« Physik; allenfalls Sätzen der Hermeneutik (oder der Physik) kann ein derartiger Anspruch beigelegt werden. Mit dem von Vattimo genannten Anspruch scheint vielmehr die auf Schleiermacher zurückgehende, aus methodologischen Überlegungen erwachsene Forderung nach einer **universellen Anwendbarkeit** der Hermeneutik gemeint zu sein, die sich aus der, wenn man so will, »explosionsartigen« Ausdehnung ihres Aufgabengebietes ergibt.[43] Diese »Universalität« der hermeneutischen Aufgabenstellung verleitet ebenso wie die gesuchten Regeln oder »Prinzipien« einer allgemeinen Hermeneutik fälschlicherweise dazu, der Hermeneutik einen (quasi-)transzendentalen Status zu verleihen.[44] Das Verstehen wird dabei - durchaus zutreffend - als eine notwendige Voraussetzung für unseren Zugang zur objektiven wie auch zur sozialen Welt ausgewiesen. Und in einer transzendental klingenden Formulierung heißt dies dann: Verstehen ist eine Bedingung der Möglichkeit jeglichen Weltbezugs und damit auch jeglicher Erfahrung.

Wir sind nun in der Lage, die eigentümliche Prädomination des Verstehens-Begriffs (vor den mit ihm in Verbindung stehenden Geltungsansprüchen) näher zu kennzeichnen, und die daraus entstehenden Hindernisse für eine **transzendental**philosophische Hermeneutik zu verdeutlichen. Für die Merkwürdigkeit, daß sich das Verstehen einer Geltungsprüfung zu entziehen scheint und daß es demzufolge kein Ge-

42) Gianni Vattimo, *Ergebnisse der Hermeneutik*, in: ders., *Jenseits vom Subjekt. Nietzsche, Heidegger und die Hermeneutik*, Wien (Böhlau) 1986, S. 119-147, loc.cit. S. 120 (Hervorhebung Th.G.).

43) Siehe oben, S. 43f.

44) Siehe oben, S. 41f.

genstand einer Geltungsuntersuchung geworden ist, muß zunächst bedacht werden, daß sich der Universalitäts-Gedanke der Hermeneutik in ihrer Entwicklung von Schleiermacher bis zu Heidegger und Gadamer erheblich gewandelt hat: **aus der geforderten Universalität wurde sozusagen eine angemaßte**.

Während der Anspruch auf universelle Anwendbarkeit bei Schleiermacher (der diesen Anspruch als erster formuliert hat) noch deutlich einen postulatorischen Charakter aufweist, gilt die Universalität in der philosophischen Hermeneutik des 20. Jahrhunderts als erfüllt. Die Forderung nach einer Ausweitung des Verstehens auf das alltäglich begegnende Fremde war bei Schleiermacher methodologisch induziert und stand vor allem im Zusammenhang mit einer Problematisierung der Auslegung von Texten (und damit der nicht-philosophischen Hermeneutiken). Die Universalisierung des Verstehens bei Heidegger wie auch bei Gadamer wird hingegen anti-methodologisch induziert und steht zunächst vor allem im Zusammenhang mit einer Problematisierung der "Auslegung des Seins des Daseins";[45] es geht also, wenn man so will, um **die Auslegung eines philosophischen Problems** - die Hermeneutik steht damit im Problemkreis der Ontologie.[46] "Verstehen" wird in der Folge gedacht als ein unausweichliches "**Einrücken in ein Überlieferungsgeschehen**, in dem sich Vergangenheit und Zukunft beständig vermitteln".[47] (Wobei dieses Verstehen wiederum explizit "auf eine universal-ontologische Struktur"[48] hinweisen soll:

45) Martin Heidegger, *Sein und Zeit*, Tübingen (Niemeyer) [15]1984, S. 38.

46) Zum hier nicht näher erläuterten Unterschied des ontologischen Status der Hermeneutik bei Heidegger und Gadamer siehe: Hermann Braun, *Zum Verhältnis von Hermeneutik und Ontologie*, in der Festschrift für Hans-Georg Gadamer zum 70. Geburtstag, *Hermeneutik und Dialektik*, Bd. 2, hrsg. von Rüdiger Bubner, Konrad Cramer und Reiner Wiehl, Tübingen (Mohr / Siebeck) 1970, S. 201-218, insbesondere S. 215ff.

47) H.-G. Gadamer, *Wahrheit und Methode*, a.a.O., S. 275 (Hervorhebung im Original).

48) Ebenda, S. 450.

"**Sein, das verstanden werden kann, ist Sprache**. Das hermeneutische Phänomen wirft hier" - und diese Worte Gadamers vermögen die ontologische Wendung der Hermeneutik in besonderem Maße zu charakterisieren - "gleichsam seine eigene Universalität auf die Seinsverfassung des Verstandenen zurück"[49]).

Der von der gegenwärtigen philosophischen Hermeneutik mit suggestiver Kraft "ständig beigebrachte Verweis auf die Faktizität des Verstehens"[50] wird zwar - scheinbar an den Schleiermacherschen Duktus anschließend - lediglich als "Appell an die praktische Erfahrung hermeneutisch relevanter Situationen"[51] ausgewiesen. Da aber dieser Appell, wie es heißt, in "Wahrheit [...] den **transzendentalen** Zug der Hermeneutik"[52] verstärkt, wird die sehr weitreichende Anwendbarkeit der Hermeneutik gewissermaßen transzendental gedeutet und damit fundamental umgedeutet.

Die von Vattimo angeführte Entwicklungslinie der philosophischen Hermeneutik stellt am Ende eine Überlegung in den Mittelpunkt, die in Konsequenz als ein Hinweis für die Abundanz eines transzendentalhermeneutischen Unterfangens (im engeren Sinne) verwendet wird: Man unterstellt nun nämlich, im Begriff des Verstehens eine philosophische Universalie gefunden zu haben. Die für eine **transzendental**philosophische Radikalisierung der Hermeneutik erforderliche Öffnung gegenüber einer externen, am Geltungsproblem orientierten Fragestellung wird damit als überflüssig erachtet.

Indem man sich jedoch einer am Geltungsproblem orientierten Fragestellung verschließt, wird allerdings im Kontext dieser hermeneutischen Überlegungen nur unzureichend berücksichtigt, daß gerade der

49) Ebenda (Hervorhebung im Original).

50) Rüdiger Bubner, *Dialektik und Wissenschaft*, Frankfurt/M. (Suhrkamp) 21974, S. 99.

51) Ebenda.

52) Ebenda (Hervorhebung im Original).

Begriff der Universalität in herausragender Weise auch jenen Anforderungen zu genügen hat, die an all das gestellt werden müssen, was nach Kant "in strenger Allgemeinheit gedacht"[53] wird. Gemäß dieser Anforderungen läßt sich "strenge" (Kant nennt sie auch "absolute" oder "unbedingte") Allgemeinheit niemals aus der Erfahrung, also etwa aus einem "Verweis auf die Faktizität des Verstehens" ableiten. Universalität ist nämlich (wie Friedrich Kambartel in anderem Zusammenhang bemerkt) "ein **geltungs**bezogener Begriff".[54] **Universalität läßt sich** somit **nur transzendentalphilosophisch legitimieren.**[55] Will die Hermeneutik sowohl an ihrer zwischen Teilnahmslosigkeit und offener Ablehnung sich bewegenden Einstellung gegenüber einer eigens unternommenen transzendentalphilosophischen Geltungsreflexion festhalten als auch ihren Universalitäts-Gedanken aufrecht erhalten, so gerät sie in eine Aporie: Sie kann nicht zugleich der seit Heidegger zu bemerkenden **Detranszendentalisierung**[56] des hermeneutischen Denkens folgen und weiterhin etwas für sich reklamieren wollen, das eigentlich nur vermittels ihrer konsequenten Transzendentalisierung zu bekommen wäre.

Sollte sich die Hermeneutik aber von Heidegger abwenden und eine Transzendentalisierung in Angriff nehmen, so sind an ein solches Vor-

53) Kant, *KrV*, B 4.

54) Friedrich Kambartel, *Philosophie der humanen Welt. Abhandlungen*, Frankfurt/M. (Suhrkamp stw 773) 1989, S. 17 (Hervorhebung im Original).

55) Karl-Otto Apel verweist in einer kritischen Anmerkung zu Habermas' *»Theorie des kommunikativen Handelns«* gleichfalls darauf: "Echte **Universalien** sind [...] ohne **transzendentale** Begründung nicht zu haben." (*Fallibilismus, Konsenstheorie der Wahrheit und Letztbegründung*, a.a.O., S. 211 [Hervorhebung im Original]).

56) Siegfried Blasche hat unlängst (in der *Einleitung* zu dem vom Forum für Philosophie Bad Homburg herausgegebenen Band *Martin Heidegger: Innen- und Außenansichten*, Frankfurt/M. (Suhrkamp) 1989, S. 7-32) im Umkreis von Erörterungen zur Frage der Kontinuität von Heideggers Denken sehr überzeugend vier Detranszendentalisierungsschritte herausgearbeitet (siehe besonders S. 17f.).

haben bestimmte Forderungen zu stellen. Diese Forderungen scheinen allerdings auch von Karl-Otto Apel, der sich einem (transzendentalphilosophischen) Begründungsgedanken ausdrücklich verpflichtet fühlt, nicht erfüllt oder eingehalten zu werden; besonders deutlich wird dies an seiner anfänglichen Konzeption einer Transzendentalhermeneutik (sie wird von Apel auch als »Sprachhermeneutik« bezeichnet). Angesichts eines weitreichenden Konsenses darüber, daß Heidegger um die Detranszendentalisierung seines Denkens bemüht war, erstaunt dabei zunächst, daß Apel seine Vorstellungen über eine transzendentale Hermeneutik explizit an die Hermeneutik Heideggers anschließen will; allerdings soll dies, wie Apel selbst einräumt, "notfalls mit Heidegger gegen Heidegger denkend"[57] geschehen. Anstatt um eine (die aufgezeigte Aporie möglicherweise zu überwinden helfende) Abkehr von Heidegger geht es Apel anfangs darum, "die mehr implizite als explizite Sprachphilosophie Heideggers aus dem Grundansatz einer »transzendentalen Hermeneutik« zu verstehen"[58] und für seine (als transzendental ausgewiesenen) Absichten fruchtbar zu machen. Dabei versteht Apel unter dem Grundansatz einer transzendentalen Hermeneutik "den »Zirkel im Verstehen«, der sich aus dem »Sich-vorweg-sein« des »In-der-Welt-seins« als »geworfener Entwurf« als Grundstruktur aller menschlichen Erkenntnis hinsichtlich des dynamischen Ineinandergreifens ihrer konstitutiven Elemente ergibt".[59]

Die von Heidegger - in den Pararaphen 32 und 63 von *Sein und Zeit* ausgeführte - ontologisch gefaßte Umdeutung des hermeneutischen Zirkels, und die aus dieser Umdeutung entlehnte **positive Bewertung** des hermeneutischen Zirkels (die darin kulminiert, daß es nach Heideggers Überzeugung gar nicht das Entscheidende ist, "aus dem Zir-

57) K.-O. Apel, *Die Idee der Sprache in der Tradition des Humanismus von Dante bis Vico* (= Archiv für Begriffsgeschichte, Bd. 8), Bonn (Bouvier) 1963, S. 55.

58) Ebenda.

59) Ebenda.

kel heraus-, sondern" - da er nun als etwas zu denken ist, das allem Vitiösen ledig ist - "in ihn in der rechten Weise hineinzukommen"[60]), läßt sich aber nicht dadurch transzendentalisieren, daß der ontologisch umgedeutete hermeneutische Zirkel, wie von Apel vorgeschlagen, abermals umgedeutet und nun in transzendentaler Hinsicht Verwendung finden soll. Aus transzendentalphilosophischer Perspektive können (jedenfalls) zwei Argumente dagegen vorgebracht werden, daß es eine transzendentale Verwendung des hermeneutischen Verstehens-Zirkels nicht geben kann.

Zum einen: Es wird der Zirkel im Verstehen und die daraus abgeleitete Universalität des Verstehens zunächst als etwas Ursprüngliches, als etwas im **temporären Sinne Vorgängiges** gedeutet. Wie Heidegger wußte, erhält man mit diesem "»Sich-vorweg-sein« des »In-der-Welt-seins« als »geworfener Entwurf«" keine transzendentale Bedingung im eigentlichen Sinne, sondern etwas zeitlich unserem Weltzugang »immer schon« Vorhergehendes (dem wegen seiner »Gleichursprünglichkeit« mit dem Sein ontologische Valenz zugeschrieben wird: Das Verstehen wird so zum »Existenzial«). Wer dieses, aus einer phänomenologischen (oder auch fundamental-ontologischen) Analyse gewonnene Existenzial des Verstehens nun aber anstatt als **hermeneutischen** (Grund-)Begriff als **transzendentalphilosophischen Begriff** verwenden will, der verstößt gegen das transzendentalphilosophische Gebot, daß eine logische Abhängigkeit der Transzendentalphilosophie von der Empirie (mit der eine phänomenologische Untersuchung stets verbunden bleiben muß) ausgeschlossen werden soll.[61] Bei einem »transzendentalhermeneutischen« Verfahren wird das Verstehen gleichsam lediglich post-festum mit einem transzendentalen Etikett versehen und nur als ein (quasi-)transzendentaler Begriff gehandelt, ohne durch eine Geltungsprüfung dafür legitimiert zu sein.

60) M. Heidegger, *Sein und Zeit*, a.a.O., S. 153.

Zum anderen (und in der Hauptsache) läßt sich einwenden, daß bereits die Absicht, den Verstehens-Zirkel transzendental verwenden zu wollen, die oben ausgewiesene genuine Aufgabe[62] einer transzendentalphilosophischen Hermeneutik auf den Kopf stellen würde: Es sollte doch das »Verstehen« auf seine Geltungsbedingungen untersucht werden und nicht das Verstehen als Voraussetzung der Geltungsmöglichkeit von etwas anderem (etwa des Weltzugangs oder der naturwissenschaftlichen Erkenntnis[63]) gesetzt und zugleich »erschlossen« werden. Es müssen stattdessen vielmehr die mit (oder auch bei) dem Verstehen erhobenen Geltungsansprüche ausdrücklich zum Gegenstand einer transzendentalphilosophischen Hermeneutik gemacht werden, um **die Bedingungen aufklären** zu können, **unter denen das Verstehen Geltung erlangen kann**. Auf den in der szientifischen Auseinandersetzung stehenden Kontext der Geisteswissenschaften gewendet, steht somit für eine transzendentalphilosophisch Hermeneutik vor allem in

---

61) Siehe oben, S. 22ff.

62) Siehe oben, S. 45.

63) Der in diesem Zusammenhang einzuklagende **Primat des »Verstehens« vor dem naturwissenschaftlichen »Erklären«** wird jüngst von Karl-Otto Apel ebenso problematisiert, wie dieser auch seine Einschätzung der Philosophie Heideggers (bezüglich einer transzendentalphilosophischen Fruchtbarmachung) einer kritischen Prüfung unterzieht. In einem in den Band *Transformation der Philosophie* (Bd. 2, a.a.O., S. 96-127) aufgenommenen Aufsatz von 1966/68 ist die Welt - als eine Folge der sprachhermeneutischen Analyse - "nicht mehr das »Dasein der Dinge, sofern sie (im Sinne der Naturwissenschaft) einen gesetzmäßigen Zusammenhang bilden« (Kant), sondern die »Gesamtsituation« eines bestimmten [!, Th.G.] »In-der-Welt-seins« (Heidegger)", (S. 108).
Nunmehr wird hingegen zugestanden, daß die Geltungsmöglichkeit von naturwissenschaftlicher Erkenntnis durch ein hermeneutisches Weltverständnis nicht tangiert wird. Apel erklärt jetzt deutlich, daß die epistemologischen und methodologischen Voraussetzungen der nomologischen Wissenschaften von der philosophischen Hermeneutik unabhängig sind. Das "Dasein der Dinge, sofern sie einen gesetzmäßigen Zusammenhang bilden", bekommt wieder seine eigenständige Berechtigung. (Siehe K.-O. Apel, *Sinnkonstitution und Geltungsrechtfertigung. Heidegger und das Problem der Transzendentalphilosophie*, in: *Martin Heidegger: Innen- und Außenansichten*, hrsg. vom Forum für Philosophie Bad Homburg, a.a.O., S. 131-175, insbesondere S. 141).

Frage, "**wie die Interpretation eines Individuellen**, das selber individuell bestimmte Verständnis gegebener Lebensäußerungen, **zur Allgemeingültigkeit erhoben werden kann**".[64]

Mit dieser expliziten Zurückführung der Universalitätsproblematik der Hermeneutik an Geltungsfragen wird nicht nur Gadamers leitende Frage: "Wie ist Verstehen möglich?"[65] überboten - wobei Gadamer sich hier wohl nicht nur nach Apels Meinung "zu Unrecht auf Kant"[66] beruft -, sondern es wird auch ausweisbar, daß Apels ursprünglicher Entwurf einer Sprach- oder Transzendentalhermeneutik bloß scheinbar einen transzendentalen Zugang zur Hermeneutik sucht: Die Frage nach der Allgemeingültigkeit des Verstehens muß bei einer betont positiven Bewertung des hermeneutischen Zirkels ausgeklammert werden, denn der hermeneutische Topos des »Immer schon« läßt sich nicht im Sinne einer transzendentalphilosophisch gefundenen Geltungsbedingung verwenden.

Eine transzendentale Hermeneutik hingegen, die das Prädikat "transzendental" in ihrem Titel ernst nehmen will, muß sich bei der Bewältigung ihrer Aufgabe zunächst von der von Dilthey geäußerten Annahme leiten lassen, daß "der Vorgang des Verstehens überall [...] gemeinsame Merkmale haben"[67] muß. Unter dieser Annahme wird es dann zur vordringlichen Aufgabe für eine zu projektierende transzendentalphilosophische Hermeneutik, sich darum zu bemühen, **Invarianten des Verstehens** aufzufinden.[68] Analog zu der Vorgehensweise

---

64) Manfred Riedel, *Verstehen oder Erklären? Zur Theorie und Geschichte der hermeneutischen Wissenschaften*, Stuttgart (Klett-Cotta) 1978, S. 35 (Hervorhebung im Original).

65) H.-G. Gadamer, *Wahrheit und Methode*, a.a.O., S. XVII.

66) K.-O. Apel, *Transformation der Philosophie*, Bd. 1 (*Sprachanalytik, Semiotik, Hermeneutik*), Frankfurt/M. (Suhrkamp stw 164), S. 35.

67) W. Dilthey, *Die Entstehung der Hermeneutik*, a.a.O., S. 319.

68) Es sei in diesem Zusammenahng darauf verwiesen, daß z.B. Peter Rohs das Kernstück der Kantischen Transzendentalphilosophie - die transzendentale Deduktion der reinen Verstandesbegriffe - als Lösung von Invarianzproblemen

Kants in der transzendentalen Analytik der Begriffe in der *Kritik der reinen Vernunft*, wo Objektivität intendierende Erfahrungs-Urteile auf ihre intertemporale und interpersonale Invarianz untersucht werden, wäre eine transzendentale Hermeneutik aufgefordert, die (zumindest) Intersubjektivität intendierenden Verstehens-Urteile auf Invarianzen zu überprüfen. Wenngleich selbst bei einer Lösung dieser Aufgabenstellung das Geltungsproblem des Verstehens noch immer nicht vollständig beantwortet sein mag, so scheint dieser (erste) Schritt doch den einzig möglichen Weg für eine transzendentalphilosophische Hermeneutik zu weisen.

Leider aber konnte dieser gewiesene Weg bisher noch nicht als ein gangbarer ausgezeichnet werden, denn es spricht vieles dafür, daß "Verstehensleistungen [...] nicht mehr darstellbar in terms von Urteilsformen"[69] sind. Die Analogie mit der Kantischen Transzendentalphilosophie kann also aufgrund eines ihr wesentlichen Moments nicht aufrecht erhalten werden: "Transzendentalphilosophie ist ihrem Grundzuge nach Urteilstheorie".[70] Trotz einiger tastender Versuche von Wilhelm Dilthey[71] und Hans Lipps[72] hat sich bisher keine Aus-

versteht. Siehe hierzu: P. Rohs, *Die transzendentale Deduktion als Lösung von Invarianzproblemen*, in: *Kants transzendentale Deduktion und die Möglichkeit von Transzendentalphilosophie*, hrsg. vom Forum für Philosophie Bad Homburg, a.a.O., S. 135-192.

69) Dieter Hirschfeld, *Verstehen als Synthesis. Die evolutionäre Form hermeneutischen Wissens*, Freiburg / München (Alber) 1985, S. 24.

70) Rudolf Lüthe, *Kants Lehre von den ästhetischen Ideen*, in: Kant-Studien 75/1984, S. 65-74, loc.cit. S. 67.

71) In der *Einleitung in die Geisteswissenschaften. Versuch einer Grundlegung für das Studium der Gesellschaft und Geschichte* (= Gesammelte Schriften, 1. Bd., Leipzig und Berlin 1923) bestimmt Dilthey die Klassen von Aussagen in den Geisteswissenschaften (S. 26f.). Für eine transzendentalphilosophische Weiterführung bleibt diese Skizze aber ungeeignet.

72) Auch Hans Lipps' Überlegungen zur Modalität und Relation von Urteilen im II. Abschnitt seiner *Untersuchungen zu einer hermeneutischen Logik*, Frankfurt/M. (Klostermann) ²1959 ermöglichen keinen transzendentalphilosophischen Anschluß.

sicht eröffnet, die hoffen ließe, das Verstehen könne an eine Urteilstheorie angebunden werden.

2.2.2. Hermeneutische Transzendentalphilosophie

Für das Vorhaben einer transzendentalphilosophischen Radikalisierung der Hermeneutik im Sinne einer Prüfung der Geltungsansprüche des Verstehens, so dürfen wir als Resümee des letzten Abschnitts festhalten, bieten sich bislang keine Aussichten auf eine erfolgreiche Realisierung: Zu den (in der Einleitung[73] umrissenen) Schwierigkeiten, die die Transzendentalphilosophie bereits von Hause aus mit dem Konzept von Geltung und Geltungsanspruch hat, tritt als Komplikation hinzu, daß eine mangelnde Affinität des Verstehens-Begriffs zu einer methodisch geleiteten (urteilstheoretischen) Exposition der mit ihm verbundenen Geltungsansprüche aufgezeigt werden konnte.[74]

Auch wenn damit die Hindernisse für die Durchführbarkeit einer Ausarbeitung der Idee einer transzendentalphilosophischen Hermeneutik unüberwindbar zu sein scheinen, so bleibt für die angestrebte Verknüpfung der Transzendentalphilosophie mit der Hermeneutik dennoch ein Ausweg offen. Dieser ergibt sich aus der bereits angedeuteten[75] Möglichkeit, dem Begriff der Transzendentalhermeneutik eine gänzlich andere als die bisher diskutierte Lesart beizulegen - nämlich die einer **hermeneutischen Ausweitung der Transzendentalphilosophie**. Anders als bei der **transzendentalphilosophischen Hermeneutik** wird jedoch bei der **hermeneutischen Transzendentalphilosophie** der Titel »Hermeneutik« in einer unspezifischen Weise zu gebrauchen sein; es kann in diesem Fall nicht darum gehen, die Hermeneutik in

73) Siehe oben, insbesondere S. 17ff.

74) Siehe oben, S. 55f.

75) Siehe oben, S. 38f.

die Transzendentalphilosophie zu integrieren (wieder ergäben sich vergleichbar große Schwierigkeiten mit dem Verstehens-Begriff), sondern es ist die hermeneutische Transzendentalphilosophie so zu konzipieren, daß die **Konsequenzen**, die sich aus der philosophischen Hermeneutik der letzten beiden Jahrhunderte ergeben haben, in ihrem Rahmen erörtert werden können.

Im Unterschied zur transzendentalphilosophischen Hermeneutik, deren Problemhorizont zunächst von spezifischen Fragestellungen der philosophischen Hermeneutik abgesteckt wird, und die schließlich weniger darum bemüht ist, **in** der Hermeneutik auftretende Geltungsansprüche zu prüfen, sondern vielmehr gedacht wird als ein Legitimierungsinstrument **für die Hermeneutik selbst**, bleibt die hermeneutische Transzendentalphilosophie unter der so skizzierten Aufgabenstellung dem Problemfeld verhaftet, das von den drei »Kritiken« Kants ausgebreitet wird; sie bezeugt damit in erheblichem Maße das, was Gadamer "die Suprematie der kantischen Kritik"[76] nennt. Ganz in dem Bewußtsein, daß aus dem von Kant für seine Transzendentalphilosophie vorgelegten Programm wichtige Ansätze zu einer Lösung für aktuelle Aufgaben der Philosophie entnommen werden können, **nimmt die hermeneutische Transzendentalphilosophie ihren Ausgangspunkt in der Transzendentalphilosophie Kants**. Und da sie sich diesem Programm auch in ihrem Fortgang verpflichtet weiß, geht es der hermeneutischen Transzendentalphilosophie folglich auch im wesentlichen »nur« um **eine Fortschreibung der Kantischen Philosophie**.

Wenngleich weitgehend unbestritten ist, daß nach dem sogenannten »linguistic turn« in der Philosophie neue (eben vor allem sprachanalytische und zeichentheoretische) Mittel und Methoden in diese Fortschreibung Eingang finden sollen, so spielen diese neuen Methoden (wir werden bei der Betrachtung der »Pragmatik« in Karl-Otto Apels

76) H.-G. Gadamer, *Kant und die hermeneutische Wendung*, in: ders., *Heideggers Wege*, a.a.O., S. 45-54, loc.cit. S. 46.

Entwurf einer Transzendentalhermeneutik auf sie zurückkommen) jedoch im Zusammenhang der von einer hermeneutischen Transzendentalphilosophie vorgebrachten Beanstandungen gegenüber der Kantischen Philosophie zunächst nur eine untergeordnete Rolle. Im Zentrum eines solchen transzendentalhermeneutischen Monitums steht stattdessen **die Forderung nach einem neuen oder zu erweiternden »Gegenstandsbereich« der (klassischen) Transzendentalphilosophie**, denn es wird unterstellt, daß Kant sein Programm - gemessen an gegenwärtigen Erfordernissen - nur unzulänglich skizziert (und folglich auch nur unvollständig ausgeführt) habe: Die Vernunftkritik Kants ist aus dieser Sicht mit bestimmten Defiziten behaftet, die es zu beseitigen gilt. Das heißt, es wird weniger die Durchführung, mit der Kant seiner Transzendentalphilosophie Gestalt gegeben hat, kritisiert als vielmehr die mangelnde Breite des »Gegenstandsbereichs«: Kant habe, so lautet der Vorwurf im Kern, nicht alle Leistungen der Vernunft und die mit diesen Leistungen verbundenen Geltungsansprüche berücksichtigt. Im Vordergrund der Überlegungen zu einer hermeneutisch erweiterten Transzendentalphilosophie steht also die Behauptung, "daß bei Kant eine ganze Vernunftkritik fehlt".[77]

Die fehlende Kritik, die Lösung der von Kant nicht (vorher-?)gesehenen Aufgabe wird seit Dilthey als »**Kritik der historischen Vernunft**«, das heißt als Kritik "des Vermögens des Menschen, sich selber und die von ihm geschaffene Gesellschaft und Geschichte zu erkennen, bezeichnet".[78]

77) W. Kuhlmann, *Reflexive Letztbegründung*, a.a.O., S. 14.

78) W. Dilthey, *Einleitung in die Geisteswissenschaften*, (= G.S., 1. Bd.), a.a.O., S. 116.
Dilthey fordert schon in jungen Jahren eine "neue Kritik der Vernunft". Der früheste, mir bekannte Hinweis findet sich in einer Tagebucheintragung vom 26. März 1859. Siehe: *Der junge Dilthey. Ein Lebensbild in Briefen und Tagebüchern 1852-1870*, zusammengestellt von Clara Misch, Stuttgart (Teubner) und Göttingen (Vandenhoeck & Ruprecht) ²1960, S. 79ff., loc.cit. S. 80.

Der einer solchen Kritik zugrundeliegende Gedanke - nämlich: Probleme zu bewältigen, indem man eine geschickte Übertragung von (unterstelltermaßen) erfolgreichen Lösungsansätzen vornimmt - beruht auf einer **Analogie**: So, wie es die Kantische Transzendentalphilosophie unternahm, gewisse Geltungsansprüche zu prüfen und zu rechtfertigen, sollen nun andere Geltungsansprüche geprüft (und womöglich gerechtfertigt) werden.

Will man sich aber nutzbringend von einer Analogie leiten lassen, so muß zweierlei bedacht werden: Weder darf mehr als ein Element der Relationsglieder unbestimmt sein,[79] noch darf man aus den Augen verlieren, welcher heuristische Zweck mit der Analogie verfolgt wird.

Soll also die geplante Ausweitung der Transzendentalphilosophie nicht verfehlt werden, so gebietet es die methodische Vorsicht, sich eingehender mit den Relata der Analogie (in unserem Fall: den unterschiedlichen Geltungsansprüchen der jeweiligen »Kritiken«) zu beschäftigen. Nur vor deren Hintergrund sind wir in der Lage, die Absichten, die mit einer »Kritik der historischen Vernunft« verfolgt werden können, angemessen zu beurteilen. (Dabei wird - und das Thema Transzendentalphilosophie legt ein solches Vorgehen nahe[80] - keine weiter- oder tiefergehende Dilthey-Interpretation vorgenommen. Dil-

79) Etwa: So wie sich a zu b verhält, so verhält sich (oder sollen sich verhalten) c zu einem noch unbestimmten x.

80) Weil "Dilthey [....] sich in seinem Versuch einer Grundlegung der Geisteswissenschaften nicht an Kant, sondern an Herders Schülern, an Schleiermacher und Ranke [...] orientiert" hat (M. Riedel, *Kritik der historisch urteilenden Vernunft. Kants Geschichtsphilosophie und die Grundlagenkrise der Historiographie*, in: ders., *Urteilskraft und Vernunft. Kants ursprüngliche Fragestellung*, Frankfurt/M. [Suhrkamp stw 774] 1989, S. 125-147, loc.cit. S. 147), und weil Diltheys Verhältnis zu Kant im wesentlichen "auf die Frage nach dem Verhältnis von Psychologie und Transzendentalphilosophie" beschränkt bleibt (Hans Ineichen, *Erkenntnistheorie und geschichtlich-gesellschaftliche Welt. Diltheys Logik der Geisteswissenschaften*, Frankfurt/M. [Klostermann] 1975, S. 89), lassen sich seine Schriften für das Projekt einer hermeneutischen Transzendentalphilosophie **in systematischer Absicht** kaum fruchtbar machen.

they, dem wir uns dennoch - allein schon aus historischen Gründen - zunächst zuwenden müssen, wird für die folgenden Gedanken - ebenso wie bei den meisten Autoren, die für eine Transzendentalhermeneutik plädieren - lediglich als Ausgangspunkt und Anreger für die Forderung nach einer Ausweitung der Transzendentalphilosophie berücksichtigt werden).

Auch wenn Dilthey unter dem (schließlich nicht aufrecht erhaltenen[81]) Titel einer »Kritik der historischen Vernunft« einen Entwurf vorgelegt hat, der als »Erkenntnistheorie der hermeneutischen Wissenschaften« bezeichnet werden könnte, und auch wenn eine damit verfolgte methodisch aufgebaute »Logik der Geisteswissenschaften«[82] dem näher steht, was hier unter der Überschrift »transzendentalphilosophische Hermeneutik« (mit Betonung ihres szientifischen Aspekts) verhandelt wurde, als es wirklich der Position einer hermeneutischen Transzendentalphilosophie zugeordnet werden darf, so ergibt sich dennoch eine Rezeptionsmöglichkeit in diesem letzteren Sinne. Wenn es zunächst auch nur einen vordergründigen Anlaß bieten mag, so wird man doch bereits durch die Anspielung auf die Titel der Kantischen Hauptwerke dazu verführt, Dilthey auf einem Weg zu vermuten, der die transzendentalphilosophische Fragestellung Kants weiterführen soll. Vor allem aber (und damit aus viel gewichtigeren Gründen) wird die Rezeptionsmöglichkeit im Sinne einer hermeneutischen Transzendentalphilosophie initiiert durch die historische Entwicklung und durch (um ein etwas großspurig anmutendes Wort zu verwenden) die sich aus dieser

81) Wie in der Widmung an den Grafen Paul Yorck von Wartenburg vermerkt ist, entwickelte Dilthey den Plan zu der *Einleitung in die Geisteswissenschaften* (= G.S., 1. Bd., a.a.O., ohne Paginierung [S. IX] - welchen er "damals noch als Kritik der historischen Vernunft zu bezeichnen wagte" - in einer seiner ersten Unterhaltungen mit seinem Freund.

82) Die ihm allerdings, wie M. Riedel herausgearbeitet hat, "nicht wirklich gelungen ist". (M. Riedel, *Einleitung* zu W. Dilthey, *Der Aufbau der geschichtlichen Welt in den Geisteswissenschaften*, Frankfurt/M. [Suhrkamp stw 354] 1981, S. 9-90, loc.cit. S. 64).

Entwicklung ergebende »Lage der Vernunft« im zwanzigsten Jahrhundert. Diese - bezogen auf Diltheys Ausführungen - kontrafaktische Aufnahme des Projekts einer »Kritik der historischen Vernunft« soll in vier Schritten nachgezeichnet werden:

1. Zunächst: Dilthey ist trotz seiner Orientierung am Historismus und seiner nachhaltigen Prägung durch Schleiermacher seit seiner Studienzeit[83] an einer Auseinandersetzung mit der Transzendentalphilosophie Kants interessiert. Dabei schließt er zunehmend an eine szientifisch orientierte, der Marburger Schule sich verpflichtet wissende Kant-Deutung an und erklärt am Ende seiner Lehrtätigkeit (mit deutlich vernehmbarem Bezug auf Hermann Cohen): "Der Hauptsatz, auf welchem die Vernunftkritik ruht, ist nicht ausdrücklich an den Anfang gestellt, bildet aber doch nach ganz deutlichen Äußerungen Kants die Voraussetzung, unter welcher er folgert. Der Satz lautet: **Die mathematische Naturwissenschaft ist Wirklichkeit**".[84] Damit wird die Kantische Transzendentalphilosophie an die Grenzen der naturwissenschaftlichen Erkenntnis gebunden; Transzendentalphilosophie wird bestimmt als Reflexion auf die im Bewußtsein gegebenen Gesetze der **Natur**.[85] Daraus ergibt sich zweierlei: Zum einen **wird die Transzendentalphilosophie in ein abhängiges Verhältnis gegenüber den**

83) Siehe hierzu: Helmut Johach und Frithjof Rodi, *Vorbericht der Herausgeber*, in: W. Dilthey, Gesammelte Schriften, XIX. Band, Göttingen (Vandenhoeck und Ruprecht) 1982, S. IX-LVII, besonders S. XIX.

84) W. Dilthey in seiner letzten Vorlesung über *Das System der Philosophie* im Sommer 1903. Die darin vorkommende Kant-Darstellung ist nach einer - gemäß dem Herausgeber - "wörtlichen" Nachschrift von (Hermann) Nohl abgedruckt in: Dietrich Bischoff, *Wilhelm Diltheys geschichtliche Lebensphilosophie*, Leipzig / Berlin 1935. S. 46-63, loc.cit. S. 62 (Hervorhebung Th.G.).

85) Den "Standpunkt, welchen die deutsche Philosophie an der Grenze des achtzehnten und unsres", also des neunzehnten, "Jahrhunderts als Transzendentalphilosophie bezeichnete", sieht Dilthey wie folgt: "Gehe ich von der inneren Erfahrung aus, so finde ich die gesamte **Außenwelt** in meinem Bewußtsein gegeben, die Gesetze dieses **Natur**ganzen unter den Bedingungen meines Bewußtseins stehend und sonach von ihm abhängig." (W. Dilthey, *Einleitung in die Geisteswissenschaften*, a.a.O., S. 15, Hervorhebung Th.G.).

Naturwissenschaften gesetzt (wenn ihr auch sehr wohl eine Fundierungsaufgabe zugeschrieben wird) - sie hat damit ihren festen Ort auf der einen "Hälfte des globus intellectualis"[86] - und zum anderen wird sie dadurch auch mittelbar (eben via Naturwissenschaften) **über einen Gegenstand** (im engeren Sinne) **bestimmt**: Die Natur (und ihre Gesetze) sind der mittelbare Gegenstand der Transzendentalphilosophie.[87] Letztlich fällt es deswegen äußerst schwer, noch zwischen Transzendentalphilosophie und Erkenntnistheorie unterscheiden zu können, denn nach Diltheys Bestimmung geht auch die Erkenntnistheorie "zurück zu den Bedingungen, unter denen Wissenschaft möglich ist".[88]

2. Dilthey knüpft schließlich an die historische Entwicklung[89] an: Zuerst wandte sich die Erkenntnistheorie - hier hat Dilthey fraglos Kant im Sinn - den Naturwissenschaften zu: "Lag es doch im Gang der Wissenschaften, daß sich die Naturerkenntnis zunächst ausbildete".[90] Nun aber, unter einer wissenschaftsgeschichtlich veränderten Situation - und hier erblickt Dilthey eine vornehmliche Aufgabe für sich selbst - stehen die Geisteswissenschaften zur Disposition: Sie "sind erst im vorigen [also im 19.; Th.G.] Jahrhundert in ein Stadium getreten, das ihre Verwertung für die Erkenntnistheorie möglich machte".[91]

Da die Einzelwissenschaften (inklusive der Geisteswissenschaften) inzwischen "das Reich der gegebenen Wirklichkeit unter sich aufgeteilt haben und jede einen Ausschnitt aus ihr behandelt",[92] bleibt der Philosophie als Reaktion auf diese Entwicklung nurmehr der Rückzug auf

86) W. Dilthey, *Einleitung in die Geisteswissenschaften*, a.a.O., S. 21.

87) Zu Diltheys Bestimmung der Naturwissenschaft siehe: W. Dilthey, *Der Aufbau der geschichtlichen Welt in den Geisteswissenschaften*, a.a.O., S. 103.

88) Ebenda, S. 102.

89) Vgl. oben S. 35ff.

90) W. Dilthey, *Der Aufbau der geschichtlichen Welt in den Geisteswissenschaften*, a.a.O., S. 102.

91) Ebenda.

92) W. Dilthey, *Das Wesen der Philosophie*, Hamburg (Meiner) 1984, S. 24.

eine erkenntnistheoretische Position; sie kann nun nicht mehr die Wirklichkeit selbst, sondern nur noch das Wissen oder die Erkenntnis **über** die Wirklichkeit untersuchen. Dies muß sie aber, da "nun so der **ganze** Inbegriff des Wissens ihr Gegenstand"[93] ist, für alle (Einzel-) Wissenschaften bewerkstelligen. Ist Kants *Kritik der reinen Vernunft* nach Diltheys Auffassung eine Erkenntnistheorie der naturwissenschaftlichen, auf räumliche Erscheinungen bezogene Erkenntnis,[94] so **soll die *Kritik der historischen Vernunft* eine Erkenntnistheorie der geisteswissenschaftlichen, auf zeitliche Erscheinungen bezogenen Erkenntnis sein.**

So wie es der Kantischen Transzendentalphilosophie (in der von Dilthey rezipierten Position des Neukantianismus) darum zu tun war, eine erkenntnistheoretische Grundlegung der Naturwissenschaft zu vollbringen, **ist Diltheys Ansinnen auf eine erkenntnistheoretische Grundlegung der Geisteswissenschaften gerichtet**. In Paraphrasierung des oben[95] zitierten Satzes Diltheys über die Kantische Vernunftkritik können wir nun formulieren: »Der Hauptsatz, auf welchem die Idee einer *'Kritik der historischen Vernunft'* ruht, ist nicht ausdrücklich an den Anfang gestellt, bildet aber doch nach ganz deutlichen Äußerungen Diltheys die Voraussetzung, unter welcher er folgert. Der

---

93) W. Dilthey, *Das Wesen der Philosophie*, a.a.O., S. 24 (Hervorhebung Th.G.).

94) "Diltheys Auseinandersetzung mit Kant läuft auf eine Trennung der in der transzendentalen Ästhetik zusammengefaßten apriorischen Anschauungsformen Raum und Zeit im Sinne einer Zuordnung des Raumes zur äußeren, der Zeit zur inneren Wahrnehmung hinaus. Gleichzeitig wird damit ein Bedeutungsgefälle verbunden: Die den Geisteswissenschaften zugrundeliegenden Erfahrungssätze stützen sich primär auf die innere Wahrnehmung, die einer zeitlich strukturierten »unmittelbar gegebenen, unsinnlichen und unausgedehnten Wirklichkeit« entspricht; die Erfahrungssätze der Naturwissenschaften beziehen sich dagegen auf räumliche Erscheinungen". (H. Johach und F. Rodi, *Vorbericht der Herausgeber*, a.a.O., S. XXXV).

95) Siehe S. 62.

Satz lautet: Die verstehenden Geisteswissenschaften sind Wirklichkeit«.

Obgleich im Zusammenhang mit dieser Idee einer »*Kritik der historischen Vernunft*« erstmals[96] zu Tage tritt, Kant habe bei seiner Vernunftkritik etwas Entscheidendes, das einer eigenen (und auch eigenständigen) Kritik bedarf, nicht berücksichtigt (was er in diesem Falle - die verstehenden Geisteswissenschaften waren zu seinen Zeiten ja noch nicht »Wirklichkeit« - allerdings auch gar nicht hätte berücksichtigen können), geht Dilthey schließlich doch nicht dazu über, eine hermeneutische Transzendentalphilosophie zu verfolgen. **Nur anfänglich** nämlich formuliert Dilthey seine Fragestellung in Form einer "Analogie [...], die ganz wörtlich zu verstehen ist. Dilthey will sagen: Die

96) Um philosophiegeschichtlichen Mißverständnissen vorzubeugen, sei hierzu Erläuterndes angemerkt.
Zwar gab es durchaus bereits in der Vorgeschichte des Neukantianismus Bestrebungen, auch die Geisteswissenschaften in erkenntnistheoretische Untersuchungen einzubeziehen. So weist Christian Köhnke in seinem philosophiehistorisch außerordentlich verdienstvollen Buch über *Entstehung und Aufstieg des Neukantianismus. Die deutsche Universitätsphilosophie zwischen Idealismus und Positivismus* (Frankfurt/M. [Suhrkamp] 1986) darauf hin, daß schon bei Friedrich Adolf Trendelenburg "sämtliche Wissenschaften - auch die historischen und später »Geisteswissenschaften« genannten, gegenüber der vormaligen Orientierung der Logik an Mathematik und Naturwissenschaften - zum Gegenstandsbereich logischer", dies meint hier (im Sinne von »Logik der Forschung«) erkenntnistheoretischer, "Reflexion werden sollten" (S. 37). Für Köhnke ist dann auch Friedrich "Harms der erste Fachphilosoph, der vor Dilthey die Idee einer »Kritik der historischen Vernunft« faßte, die seinerseits Droysen bereits in etwa gefordert hatte" (S. 133).
Da jedoch zur Gewinnung einer "reinen Wissenschaftlichkeit", auf die es den späteren Neukantianern besonders ankam, die Geisteswissenschaften nicht recht geeignet waren, konnte bei den Vertretern des Neukantianismus - zumindest tendenziell - der naturwissenschaftliche Erfahrungsbegriff normativ gegen die Geisteswissenschaften gewendet werden. Dilthey hingegen, dem an einer Aufwertung der Geisteswissenschaften gelegen war und der außerdem mit dem »Weltanschauungsproblem« zu ringen hatte, insistierte darauf, daß die Geisteswissenschaften ein spezifisches Problem darstellen, das einer gesonderten Behandlung bedarf.

historische Vernunft bedarf genau so einer Rechtfertigung wie die reine Vernunft".[97]

Das Problem der Vernunft tritt jedoch sogleich in den Hintergrund. Dilthey führt die zunächst scheinbar im Sinne einer hermeneutischen Transzendentalphilosophie aufgeworfene Frage zurück auf eine Position, die dem Versuch, eine transzendentalphilosophische Hermeneutik zu schaffen, zugeordnet werden muß: Das hermeneutische Interesse wird dem Vernunftinteresse vorgeordnet. Diltheys ursprüngliches, ihn im besonderen Maße beschäftigendes erkenntnistheoretisches (genauer müßte man wohl sagen: wissenschaftstheoretisches) Anliegen verhindert ein weiteres Eingehen auf die Analogie zur Kantischen Vernunftkritik. Die Analogie wurde damit sozusagen bereits von Anfang an einem ungünstigen heuristischen Zweck unterstellt: Sie steht im Dienst der Hermeneutik und der hermeneutischen Wissenschaften. Und sofern es für Dilthey offensichtlich ist, daß "an der Pforte der Geisteswissenschaften als ein erkenntnistheoretisches Hauptproblem die Analysis des Verstehens"[98] steht, so ist es abermals die Hermeneutik, die einen »transzendentalphilosophischen Anstrich« erhalten soll, indem sie "zu den großen, die heutige Wissenschaft bewegenden Fragen von der Konstitution und dem Rechtsgrund der Geisteswissenschaften in ein inneres Verhältnis"[99] tritt. Dieser Versuch, das Verstehen und damit die Geisteswissenschaften geltungslogisch zu legitimieren, muß aber bisher, wie wir gesehen haben,[100] als gescheitert angesehen werden; die Aufgabe einer »Kritik der historischen Vernunft« jedoch bleibt weiterhin bestehen.

---

97) H.-G. Gadamer, *Wahrheit und Methode*, a.a.O., S. 206.

98) W. Dilthey, *Die Entstehung der Hermeneutik* (Zusätze aus den Handschriften), in: ders., Gesammelte Schriften, V. Bd., a.a.O., S. 332-338, loc.cit. S. 334.

99) Ebenda.

100) Siehe oben, S. 55ff.

3. Wenngleich das Projekt einer hermeneutischen Transzendentalphilosophie zumindest partiell mit dem Programm verbunden bleibt, das der Titel einer »*Kritik der historischen Vernunft*« suggeriert, so haben sich doch gerade Diltheys Bemühungen um eine derartige »Kritik« auf eine mögliche Ausweitung der Transzendentalphilosophie hemmend ausgewirkt. Obwohl Dilthey tatsächlich gar nicht versucht hat, eine hermeneutische Ausweitung der Transzendentalphilosophie auszuführen, wurde sein Scheitern auf dieses Unternehmen bezogen. Will man die Aufgabenstellung einer hermeneutischen Transzendentalphilosophie in systematischer Hinsicht formulieren, muß man sich also **von Diltheys Konzeption einer »Kritik der historischen Vernunft« befreien**: Zu früh hat dieser den Primat der Kantischen Philosophie aufgegeben,[101] zu kompliziert und zu mannigfaltig verliefen die Frontlinien, zwischen denen Dilthey zu vermitteln suchte,[102] und zu viele Widersprüchlichkeiten lassen sich in seiner Zielsetzung nachweisen.[103]

Obgleich es Dilthey nicht eigentlich um eine Erweiterung des Vernunftbegriffs ging (sondern lediglich um eine Erweiterung des Wis-

101) In Diltheys Forderung einer "Anwendung des geschichtlichen Bewußtseins auf die Philosophie und ihre Geschichte" (W. Dilthey, *Das geschichtliche Bewußtsein und die Weltanschauungen*, in: ders., G.S., VIII. Bd., Leipzig und Berlin [Teubner] 1931, S. 1-71, loc.cit. S. 7) zeigt sich vielmehr der Primat des Historismus.

102) Schon allein der Historismus sollte nach zwei Seiten hin geöffnet werden. Es ging Dilthey sowohl um eine "Zusammenführung von Hermeneutik und Historik auf das Verstehensthema" (H. Schnädelbach, *Philosophie in Deutschland 1831-1933*, a.a.O., S. 141) als auch um eine "Verbindung zwischen der kantischen Vernunftkritik und der historischen Schule des 19. Jahrhunderts" (M. Riedel, *Einleitung*, a.a.O., S. 67).

103) So formuliert Wolf Lepenies (*Die drei Kulturen. Soziologie zwischen Literatur und Wissenschaft*, Reinbek bei Hamburg [Rowohlt] 1988, S. 286): "Diltheys Ziel lag in einer wissenschaftlichen Widerlegung der Wissenschaftsideologie". Und für Manfred Riedel (*Einleitung*, a.a.O., S. 33) "gehört zur Ambivalenz der von Dilthey bezogenen kritischen Position, daß sie von dem, wogegen sie sich wendet, noch insgesamt abhängt."

senschaftsbegriffs), schien durch das Scheitern von dessen »*Kritik der historischen Vernunft*« eine umfassendere Rationalitätskonzeption nicht mehr machbar zu sein. Mehr noch, derartiges wurde von philosophischer Seite (so weit ich sehen kann) nach Dilthey für längere Zeit auch von niemandem mehr wirklich angestrebt. Vielmehr geriet die Vernunft in Verruf. In noch größerem Maße als durch Nietzsches heftige und direkte Attacken auf die Vernunft, die sich aufgrund der umstrittenen philosophischen Seriosität Nietzsches[104] zunächst - jedenfalls innerhalb der Philosophie - nicht recht hatten durchsetzen können, wird durch Diltheys vergeblichen Versuch, die Wissenschaftlichkeit der Geisteswissenschaften zu retten oder zu erweisen, die Vernunft erodiert: Der Vernunft-Relativismus wird zur herrschenden Meinung. Dilthey gelingt es nämlich mit seinen Arbeiten lediglich, die **historische** Berechtigung der Geisteswissenschaften darzustellen. Da außerdem die Philosophie von nun an fraglos den Geisteswissenschaften zugeordnet wird, ist durch diese historische Topik Diltheys die Vernunft für ihn, wie auch in seiner Nachfolge, stets nur eine "**historische**, d.h. endliche, von Zeit und Umständen abhängige menschliche Vernunft, deren Prinzipien und Regeln im Prozeß der gesellschaftlich-geschichtlichen und wissenschaftlichen Erfahrung revidiert, verbessert und ergänzt werden".[105]

Seit Dilthey bleibt damit eine für die hermeneutische Transzendentalphilosophie unerläßliche Position unbesetzt. Ist bei einer »Kritik der reinen Vernunft« die Vernunft sowohl im genitivus subjectivus als auch im genitivus objectivus »rein« zu denken, so müßte sie bei einer

104) Einschlägig und einflußreich ist hierzu: Wilhelm Windelband, *Lehrbuch der Geschichte der Philosophie*, hrsg. von Heinz Heimsoeth, Tübingen (Mohr / Siebeck) [17]1980, S. 577ff.
Für Windelband gestattet "der Dichter F. Nietzsche [...] ein dämmeriges Schwelgen im Unbestimmten" (S. 577). Folglich ist "der nervöse Professor" Nietzsche (S. 577) auch nur mit Anführungszeichen als ein »Philosoph« bezeichnet (S. 578).

105) M. Riedel, *Einleitung*, a.a.O., S. 31 (Hervorhebung im Original).

»Kritik der historischen Vernunft« eigentlich noch immer im genitivus subjectivus »rein« gedacht werden können, sofern sie das, was sie unternimmt, auch zu leisten imstande sein soll. Kann sich die Philosophie aber die »reine« Vernunft nicht einmal mehr zutrauen, so hat dies für sie selbst, wie auch Dilthey einräumt, bedrohliche Konsequenzen: "Eine Philosophie, welche das Bewußtsein ihrer Relativität hat, welche das Gesetz der Endlichkeit und Subjektivität, unter dem sie steht, erkennt, ist die nutzlose Ergötzlichkeit der Gelehrten: sie erfüllt ihre Funktion nicht mehr".[106]

Mit dieser erforderlichen Unterscheidung der Vernunft in eine kritisierende (»reine«) und eine zu kritisierende (»historische«) Vernunft sieht sich jede hermeneutische Transzendentalphilosophie vor ein Dilemma gestellt. Einerseits - und dies ist der hermeneutische Aspekt ihres Programms - muß sie der philosophiegeschichtlichen Entwicklung Rechnung tragen und zum zentralen Punkt ihrer Untersuchungen machen, daß inzwischen - nicht zuletzt durch Diltheys weitgreifende Studien - "die Vernunft [...] über ihre eigene Historizität"[107] aufgeklärt worden ist. Dieser Gedanke unterminiert aber die kritisierende Vernunft, denn aus ihm wird gefolgert, daß sich die "traditionellen Thesen von der reinen, von allen Realbedingungen abgelösten - oder ablösbaren - Vernunft [...] als Fiktionen erwiesen"[108] haben. Andererseits aber - und

106) W. Dilthey, *Das geschichtliche Bewußtsein und die Weltanschauungen*, a.a.O., S. 13.

107) H. Schnädelbach, *Einleitung. Über die Vernünftigkeit der Geschichte und die Geschichtlichkeit der Vernunft*, in: ders., *Vernunft und Geschichte. Vorträge und Abhandlungen*, Frankfurt/M. (Suhrkamp stw 683) 1987, S. 9-20, loc.cit. S. 17.

108) Hans Lenk, *Philosophie als Fokus und Forum. Zur Rolle einer pragmatischen Philosophie*, in: Hermann Lübbe (Hrsg.), *Wozu Philosophie? Stellungnahmen eines Arbeitskreises*, Berlin / New York (de Gruyter) 1978, S. 35-69, loc.cit. S. 60.
In jüngster Zeit scheint für Hans Lenk diese Position wieder frag-würdig geworden zu sein. Die bezüglich ihrer Begründungspflichten kaum zu haltende Behauptung, daß sich **die** Thesen von der »reinen Vernunft« als Fiktionen **er-**

dies ist ja gerade der transzendentalphilosophische Kern ihres Programms - muß sie an der Möglichkeit einer reinen, a priori urteilenden Vernunft festhalten, will sie noch die Geltungsansprüche der historischen Vernunft **philosophisch** (und nicht etwa psychologisch, historisch oder soziologisch) untersuchen und (gegebenenfalls) rechtfertigen können. Dieser Gedanke verschließt aber den Zugang zu der zu kritisierenden Vernunft, denn in ihm erblickt man das, was dem traditionellen cartesisch-kantischen Rahmen der Philosophie zum Vorwurf gemacht wird: "einen Fluchtversuch vor der Geschichte".[109]

Nun könnte man zur Beseitigung dieses Dilemmas "durchaus an die alte Tradition einer **Selbstdifferenzierung der Vernunft** anknüpfen".[110] Und genau dies, so hat es den Anschein, ist ein von den beteiligten Philosophen und Soziologen weithin geteiltes Bestreben in der gegenwärtigen Diskussion über das zu erweiternde Rationalitätskonzept.

4. Für die hermeneutische Transzendentalphilosophie, die an die Tradition der Selbstdifferenzierung der Vernunft anknüpfen will, ist zunächst von größter Wichtigkeit, daß die aktuelle Rationalitätsdiskussion ihre Wurzeln in den Sozialwissenschaften hat. Ja, bereits das Wort »Rationalität« besitzt - anders als das noch immer »philoso-

---

wiesen haben, wird nun ersetzt durch eine etwas zurückhaltendere Formulierung in Form einer - unbeantwortet bleibenden - Frage danach, ob heute noch von »reiner Vernunft« gesprochen werden könne. Siehe H. Lenk, *Vernunft als Idee und Interpretationskonstrukt. Zur Rekonstruktion des Kantischen Vernunftbegriffs*, in: ders. (Hrsg.), *Zur Kritik der wissenschaftlichen Rationalität* (Zum 65. Geburtstag von Kurt Hübner), Freiburg / München (Alber) 1986, S. 265-273.

109) Richard Rorty, *Der Spiegel der Natur. Eine Kritik der Philosophie*, Frankfurt/M. (Suhrkamp) ^{3}1985 (amerikanisches Original 1979), S. 19.

110) K.-O. Apel, *Das Problem einer philosophischen Theorie der Rationalitätstypen*, in: H. Schnädelbach (Hrsg.), *Rationalität. Philosophische Beiträge*, Frankfurt/M. (Suhrkamp stw 449) 1984, S. 15-31, loc.cit. S. 18 (Hervorhebung im Original).

phisch« tönende Wort »Vernunft«[111] - inzwischen einen deutlich vernehmbaren sozialwissenschaftlichen Klang. Die Bedeutungsdifferenz der Begriffe »Rationalität« und »Vernunft« bleibt zwar diffus - dennoch sind **unterschiedliche Konnotationen** nicht zu leugnen. (So lange diese Bedeutungsdifferenz nicht geklärt ist, bleibt Herbert Schnädelbachs These, daß "Rationalität die Vernunft verdrängt"[112] habe, überzogen; wohl aber hat **das Wort** »Rationalität« **das Wort** »Vernunft« verdrängt). Jedenfalls darf die hermeneutische Transzendentalphilosophie nicht übersehen, daß heute das als »Rationalität« in den Kontext der Sozialwissenschaften geratene Thema der »Vernunft« - und vornehmlich der Versuch einer Erweiterung des Rationalitäts-Konzepts - aufs engste mit dem Werk des soziologischen »Klassikers« Max Weber verbunden ist.

Zwar gilt Max Webers Interesse - im Unterschied zu Dilthey, der das Problem der Vernunft sogleich in den Hintergrund treten ließ[113] - bei seinem Rekonstruktionsversuch der abendländischen ("okzidentalen") Rationalitäts-Entwicklung durchaus der Vernunft selbst.[114] Doch auch an Webers Untersuchungen läßt sich eine hermeneutische Transzendentalphilosophie nicht direkt anschließen, denn diese führen zu einer Auflösung der ursprünglich als Einheit gedachten Vernunft in ihre Di-

---

111) Heidegger sieht diese Differenz zwischen »Rationalität« und »Vernunft« schon in der neuzeitlichen metaphysischen Tradition angelegt. Für ihn wurde "Vernunft, die inzwischen zur ratio geworden, rational mißdeutet". (M. Heidegger, *Der Ursprung des Kunstwerks*, Stuttgart [Reclam RUB 8446] 1978, S. 18).

112) H. Schnädelbach, *Einleitung*, in: ders. (Hrsg.), *Rationalität. Philosophische Beiträge*, a.a.O., S. 8.-14, loc.cit. S. 8.

113) Vgl oben S. 66.

114) Programmatischen Charakter möchte man hierbei einer Fußnote zuschreiben. Dort nämlich bekennt Max Weber in seiner erstmals 1905 erschienen Studie *Die protestantische Ethik und der Geist des Kapitalismus*: "Wenn zu irgend etwas, so möchte dieser Aufsatz dazu beitragen, den nur scheinbar eindeutigen Begriff des »Rationalen« in seiner Vieldeutigkeit aufzudecken." (In: M. Weber, *Die protestantische Ethik I. Eine Aufsatzsammlung*, hrsg. von Johannes Winkelmann, Gütersloh [Siebenstern] ^{6}1981, S. 85).

versifikationen: "die Vernunft selbst spaltet sich in eine Pluralität von Wertsphären auf und vernichtet ihre eigene Universalität".[115] Der Grund für diesen Zerfall der Vernunft scheint weniger darin zu liegen, daß, wie Jürgen Habermas[116] nahelegt, die Begründung von Webers Theorie "mit Hilfe einer Dialektik"[117] erfolgt, als vielmehr darin, daß Max Weber eben nicht als (philosophischer) "Forscher der Begriffe"[118] das **Konzept** von Vernunft untersucht, sondern als historisch interessierter und orientierter Soziologe geschichtliche (und damit empirische) Belege für Rationalität aufzufinden trachtet. Auf diese Weise vermag er nur noch konzeptuell und begrifflich-systematisch unverbundene Lokalitäten von Vernunft zu orten, die lediglich mit unserer **Ausgestaltung** von Vernunft (Kant würde hier von unserem "empirischen Gebrauch der Vernunft" sprechen) diachronisch verbunden sind, und insofern allenfalls über **unsere** heute vorfindliche »vernünftige« Welt historisch-genetische Auskunft geben. Selbst dann, wenn Max Weber mit seinen Untersuchungen keine **kausale** Erklärung für die Durchsetzung des Kapitalismus (als unserer Ausformung der Rationalität) hat geben wollen, sondern vielmehr "die für die Entstehung des Kapitalismus **»adäquaten« Geisteshaltungen**"[119] herausgearbeitet hat, tragen diese Untersuchungen - so verdienstvoll sie im übrigen auch sind - dennoch nichts bei zu der **philosophischen** Frage nach dem »Wesen« oder der Bestimmung der Vernunft.

---

115) J. Habermas, *Theorie des kommunikativen Handelns*, Frankfurt/M. (Suhrkamp) 21982, Bd. 1, S. 337.

116) Habermas' Weber-Interpretation ist umstritten. Siehe z.B die scharfe Kritik von Wilhelm Hennis: *Max Webers Fragestellung*, in: Zeitschrift für Politik, Jg. 29 (Neue Folge), Heft 3, 1982, S. 241-281. Seite 247f. heißt es in einer Anmerkung, daß in der *Theorie des kommunikativen Handelns* "Webers »vornehmstes Interesse« schlankweg auf den Kopf gestellt wird."

117) J. Habermas, *Theorie des kommunikativen Handelns*, a.a.O., Bd. 1, S. 336.

118) Kant, *KrV*, A 510 / B 538.

119) W. Hennis, *Max Webers Fragestellung*, a.a.O., S. 248 (Hervorhebung Th.G.).

Nun hat das Thema der »Rationalität« in der Zwischenzeit zwar auch wieder den "Rückweg [...] zur Philosophie zurückgelegt".[120] Wenn aber die soziologische Auseinandersetzung mit diesem Thema tatsächlich dazu geführt hat, daß, wie Herbert Schnädelbach erwartet, es in Zukunft auch für philosophische Abhandlungen ausgeschlossen sein dürfte, "daß Theorie der Rationalität wieder als Philosophie der »reinen« Vernunft auftritt",[121] dann dürfte damit zugleich auch ausgeschlossen sein, daß das Projekt einer hermeneutischen Transzendentalphilosophie jemals realisiert werden kann.

Sofern es keine »reine«, a priori urteilende Vernunft mehr wird geben können, bleibt unverständlich, was mit der Rede von der "**Selbst**differenzierung der Vernunft" gemeint sein soll.[122] Geht es nämlich nur darum, eine möglichst ausgedehnte "Weite des Rationalitätsraumes"[123] herzustellen, um nicht zu viele Bereiche unserer Lebenswelt als nicht rational oder gar als irrational zu diskriminieren, so wird lediglich - sozusagen »begriffspolitisch« - auf empirisch bedingte Vorgaben und Zielvorstellungen reagiert; eine auf diese Weise ausgeführte Differenzierung der Vernunft ist keine Selbstdifferenzie-

120) H. Schnädelbach, *Einleitung*, in: ders. (Hrsg.), *Rationalität. Philosophische Beiträge*, a.a.O., S. 8-14, loc.cit. S. 13.

121) Ebenda.

122) Anders als man seiner Skepsis gegenüber einer "Philosophie der »reinen« Vernunft" entnehmen zu dürfen meint, scheint übrigens auch H. Schnädelbach an der Idee der "Selbstdifferenzierung der Vernunft" festhalten zu wollen. In diesem Sinne scheint man jedenfalls seine Forderung deuten zu müssen, es bedürfe "vor allem einer **internen Differenzierung im Vernunftbegriff selber**, um der modischen globalen Verdammung der Rationalität keine Angriffsflächen zu bieten." (H. Schnädelbach, *Vernunft*, in: Ekkehard Martens und H. Schnädelbach (Hrsg.), *Philosophie. Ein Grundkurs*, Reinbek bei Hamburg [Rowohlt] 1986, S. 77-115, loc.cit. S. 79 [Hervorhebung Th.G.]).

123) Helmut F. Spinner, *Vereinzeln, verbinden, begründen, widerlegen. Zur philosophischen Stellung von Begründungs- und Kritikoptionen im Rahmen einer Systematik der Erkenntnisstile und Typologie der Rationalitätsformen*, in: Forum für Philosophie Bad Homburg (Hrsg.), *Philosophie und Begründung*, a.a.O., loc.cit. S. 26.

rung mehr, es muß bei diesem Vorgehen vielmehr "für die Vernunft **Heteronomie**"[124] konstatiert werden.

Für soziologische Untersuchungen von Rationalität kann es geradezu als ein Charakteristikum angesehen werden, daß ihnen eine heteronome Vernunft-Konzeption zugrunde gelegt wird. Doch auch von Autoren mit philosophischen Ambitionen werden derartige Vernunft-Konzeptionen vorgelegt. Ein extremes Beispiel hierfür stellen Helmut F. Spinners Erwägungen im Rahmen einer "Typologie der Rationalitätsformen" dar, in denen er die "Rationalitätsforschung" weiter führen möchte als diese "bisher, beim überkommenen Stand der Rationalitätstypologien à la Max Weber"[125] gelangen konnte. Spinners Vorstellungen "von einem pluralen Rationalitätskonzept"[126] erbringen jedoch (trotz eines dahingehenden Anspruchs) keine wirklich philosophische Bestimmung der Vernunft, da er sich nicht nur einer materialen Vernunftbestimmung enthebt, sondern auch die "Annahme einer immergleichen Rationalitäts**form**"[127] zurückweist. Ohne gleichbleibende formale (Erfassungs-)Kriterien wird es aber nicht gelingen, die "komplexe", "kontingente" und "indirekte"[128] Rationalitätsauffassung der von Spinner propagierten "Doppelvernunft" zu einer "Typologie der Rationalitätsformen" auszubauen. Gibt doch "ein bipolar strukturiertes Ra-

---

124) Kant, *KpV*, AA V, S. 43 (Hervorhebung im Original).

125) Helmut F. Spinner, *Vereinzeln, verbinden, begründen, widerlegen.* ..., a.a.O., S. 26.
Dennoch sieht Spinner in Max Weber einen Wegbereiter für seine eigene Rationalitäts-Konzeption. Siehe dazu seinen im Merkur (40. Jg. / 1986, S. 923-935) erschienenen Aufsatz: *Max Weber, Carl Schmitt, Bert Brecht als Wegweiser zum ganzen Rationalismus der Doppelvernunft. Über die beiden äußersten Möglichkeiten, sich in einer irrationalen Welt rational zu orientieren.*

126) Helmut F. Spinner, *Max Weber, Carl Schmitt, Bert Brecht als Wegweiser zum ganzen Rationalismus der Doppelvernunft. [..]*, a.a.O, S. 923.

127) Helmut F. Spinner, *Vereinzeln, verbinden, begründen, widerlegen. [...]*, a.a.O., S. 31 (Hervorhebung Th.G.).

128) Helmut F. Spinner, *Vereinzeln, verbinden, begründen, widerlegen. [...]*, a.a.O., S. 25, 26 und 30-36.

tionalitäts**kontinuum**"[129] - dessen Enden "Grundsatzvernunft" und "Okkasionelle Rationalität" bilden[130] - ohne die Hilfe von **im voraus** aufgestellten formalen Abgrenzungskriterien keine Handhabe für eine Typisierung. Der Meinung Spinners, es sei die Frage nach den Bezugspunkten "der Doppelvernunft eine **empirische Frage**, die im einzelnen wohl nur kasuistisch beantwortet werden kann",[131] muß entgegengehalten werden, daß es sich hierbei um ein Subsumtionsproblem handelt, für dessen Lösung bereits etwas vorgegeben sein muß, was von Spinner abgelehnt wird: nämlich ein diskriminierendes Klassifikationsschema. Das bloße Angehen und Sammeln von Fällen (die bei dem Untersuchungs-»Gegenstand« Rationalität außerdem besonders häufig strittig sein dürften) generiert nämlich nicht aus sich heraus ein Klassifikationsschema. Es bleibt also fraglich, wie auf diese Weise Rationalität zum Gegenstand von Forschung werden kann.

Will man hingegen tatsächlich die "**Selbstdifferenzierung** der Vernunft" in Angriff nehmen, so muß dies nach Erfordernissen geschehen, "die von aller empirischen Bedingung unabhängig sind, mithin zur **Autonomie** der reinen Vernunft gehören".[132] Auch wenn vieles dafür sprechen mag, daß nicht nur die Rede von der »reinen« Vernunft

---

129) Helmut F. Spinner, *Vereinzeln, verbinden, begründen, widerlegen. [...]*, a.a.O., S. 35 (Hervorhebung Th.G.).

130) Gerade anhand der isoliert auftretenden "Okkasionellen Rationalität" oder "Gelegenheitsvernunft" läßt sich zeigen, daß sogar explizit postmoderne Vernunft-Konzeptionen dem traditionellen Vernunft-Begriff näher stehen als Spinners "Typologie der Rationalitätsformen". So ist die Vernunft für Wolfgang Welsch (*Vielheit oder Einheit? Zum gegenwärtigen Spektrum der philosophischen Diskussion um die »Postmoderne«. Französische, italienische, amerikanische, deutsche Aspekte*, in: Philosophisches Jahrbuch, 94. Jg. / 1987, S. 111-141) "ein Vermögen des Durchgriffs durch die Binnenrationalitäten, und eben deshalb als Vernunft zu bezeichnen." (S. 140) Welsch nennt diese spezifisch postmoderne (?) Vernunft wegen der angeführten Überschreitungsleistung "transversale Vernunft" (ebenda).

131) H. F. Spinner, *Vereinzeln, verbinden, begründen, widerlegen. [...]*, a.a.O., S. 34 (Hervorhebung im Original).

132) Kant, *KpV*, AA V, S. 43 (Hervorhebung im Original).

obsolet geworden ist, sondern daß auch das mit dieser Rede verbundene Konzept einer »reinen« Vernunft wie ein Relikt anmutet, das allenfalls noch im Kontext der Diskussion des 18. Jahrhunderts als sinnvoll rekonstruiert werden kann, so bleibt es doch für alle, die an einer Transzendentalphilosophie (also auch der hermeneutischen Transzendentalphilosophie) interessiert sind, eine unverzichtbare Aufgabe, diesen Begriff zu explizieren. Für eine präzise Aufgabenstellung drängt sich dabei der Gedanke der **Autonomie** der reinen Vernunft in zweierlei Hinsicht auf: Zum einen zeigt er an, daß die Differenzierung der Vernunft logisch unabhängig bleiben muß von den kontingenten Ereignissen: erstens der Wissenschaftsentwicklung (also anders als bei Dilthey), zweitens der diachronischen Rationalitätsentwicklung (anders als bei Max Weber) und drittens der synchronischen Rationalitätstypologie (anders als bei Spinner). Zum andern führt uns der Gedanke der Autonomie der Vernunft zurück zu einem bereits in der Einleitung betonten Aspekt der Transzendentalphilosophie: zu ihrer Nähe zum juridischen Diskurs.[133]

Da, wie wir sagten, die Transzendentalphilosophie als eine methodisch geleitete Prüfung von Geltungsansprüchen überhaupt an der konstituierenden Versammlung teilnimmt und sie also Stimm- und Argumentationsrecht bei der Erörterung der Rechts- und Prozeß**ordnung** hat, scheint die Rede von der **Autonomie** der Vernunft auch in dieser Metaphorik verfehlt zu sein. Denn wer an dem Beschluß der Prozeßordnung (nur) teilhat, sie also nicht kraft eigener Macht erlassen kann, kann - im strengen Sinn - nicht autonom sein. Nun geht es aber an dieser Stelle (im Kontext von Überlegungen zur hermeneutischen Ausweitung der Transzendentalphilosophie) um das Problem der **Selbst**differenzierung der Vernunft und (noch) nicht um die Frage nach der Prozeßordnung.

---

133) Siehe oben S. 18ff.

Bei der **Selbst**differenzierung hat es die Vernunft zunächst lediglich mit ihren eigenen Belangen zu tun. In erster Linie muß sie in diesem Zusammenhang die ihre eigene Organisationsstruktur leitenden Prinzipien ermitteln. Darüberhinaus aber soll die Vernunft bei der Selbstdifferenzierung sich auch "gleichsam in ihren autonomen Bewegungsmöglichkeiten gegenüber der Empirie"[134] selbst ausloten; sie muß jedenfalls zumindest prüfen, in welchen Bereichen sie sich Kompetenzen zutraut.

Anders hingegen würde eine heteronom bestimmte Differenzierung der Vernunft verlaufen. Durch sie geriete die Vernunft in zweierlei Gefahren. Zum einen könnte es geschehen, daß sie fürderhin nach fremden, das heißt von anderen Instanzen vorgegebenen, Verfahrensregeln vorgehen muß, da hier die ihre eigene Organisationsstruktur leitenden Prinzipien fremdbestimmt wären. Zum anderen könnte der ihr zugeteilte Kompetenzbereich ihr unangemessen sein - wobei abermals zwei Möglichkeiten zu unterscheiden sind: Es könnten der Vernunft nämlich (1.) Kompetenzen zugeschrieben werden, die zu erfüllen sie außerstande ist, oder aber (2.) ihr dort Kompetenzen abgesprochen werden, wo sie durchaus in der Lage ist, Leistungen zu erbringen (hier würden also ihre Bewegungsmöglichkeiten über Gebühr eingeschränkt werden).

Auf unser Thema, die hermeneutische Transzendentalphilosophie, angewendet heißt dies: Durch eine fremdbestimmte Differenzierung der Vernunft könnten dieser entweder (1.) Geltungsansprüche zur Prüfung vorgelegt werden, über die sie nicht urteilen kann[135] oder (2.) ihr - in

134) Richard Heinrich, *Kants Erfahrungsraum. Metaphysischer Ursprung und kritische Entwicklung*, Freiburg / München (Alber) 1986, S. 21f.

135) Für die Vernunft geht es nicht darum, über bestimmte Fälle von spezifischen Geltungsansprüchen Verdikte zu fällen (vgl. oben S. 20).

der Sorge, aus ihr "einen Tyrannen zu machen"[136] - jegliche Fähigkeit zur Prüfung von Geltungsansprüchen abgesprochen werden.

Auch wenn für die hier umrissenen Probleme die metaphorische Assoziation mit dem juridischen Diskurs erste Hinweise über die Rolle der Vernunft geben mag, so bleiben doch noch alle skizzierten Schwierigkeiten weiterhin bestehen. Wird der Versuch unternommen, das Verhältnis von »reiner« und »historischer« Vernunft zu erhellen, so ist insbesondere nach den (möglichen oder faktischen) **Leistungen** der Vernunft zu fragen. Von hieraus, so ist zu hoffen, lassen sich dann Kompetenzen und Bewegungsmöglichkeiten der Vernunft verdeutlichen, so daß auch die Möglichkeit eines Selbstdifferenzierungsprogramms im Zusammenhang mit der Ausweitung der von der hermeneutischen Transzendentalphilosophie zu behandelnden Geltungsansprüche gesehen werden kann. Ob hierbei allerdings das Verhältnis von Autonomie und Geltungs(anspruchs)sicherung erhellt werden kann, muß vorerst mehr als fraglich bleiben.

136) F. Nietzsche, *Götzen-Dämmerung*, S.W. Bd. 6, München (dtv) 1980, S. 72.

3. Transzendentalpragmatik

Soll dem bisherigen Gang unserer Überlegungen zur hermeneutischen Transzendentalphilosophie - der sinnkritische, am Verstehen orientierte Aspekt trat zugunsten des Themas der Vernunft zunehmend in den Hintergrund - Rechnung getragen werden, dann bietet sich jetzt eine eingehende Auseinandersetzung mit Karl-Otto Apels Entwurf einer "Transzendentalpragmatik" an.

Ganz allgemein läßt sich sagen, daß Apels Ansatz im Zusammenhang mit der Vernunftproblematik von großem Einfluß ist. Auch Autoren, die Apel eher kritisch gegenüberstehen, bringen seinem Werk viel Aufmerksamkeit und hohe Wertschätzung entgegen. So erscheint beispielsweise nach Herbert Schnädelbachs Ansicht die "Universal- oder Transzendentalpragmatik [...] heute als der tragfähigste Boden für eine allgemeine Theorie der Rationalität".[1]

Etwas spezieller (und für unser Thema einschlägig) läßt sich sagen, daß Apels Ansatz einer "Transzendentalpragmatik" aus dessen Vorstellungen für eine "transzendentale Hermeneutik" hervorgegangen ist. Apel versucht seine unter pragmatistischen Prämissen stehende Wittgenstein-Rezeption für "jene von der philosophischen Hermeneutik

---

1) H. Schnädelbach, *Vernunft*, a.a.O., S. 112.
Daß gerade Herbert Schnädelbach diese Einschätzung vornimmt, verwundert allerdings insofern, als er - hier im besten Einvernehmen mit Helmut F. Spinner - den Begriff der Rationalität dezidiert weiter fassen möchte als den der Begründung (siehe hierzu: H. Schnädelbach, *Über Rationalität und Begründung*, a.a.O., S. 73), die Transzendentalpragmatik hingegen gerade an der Begründungsleistung der Vernunft festhalten will, ja mehr noch die Vernunft-Konzeption geradezu mit der Aufgabe der **Letztbegründung** verknüpft.

immer geforderte Vermittlung [...] zwischen Transzendentalphilosophie und historischer Empirie"[2] fruchtbar zu machen. Ihm geht es also um die Verbindung zwischen der »reinen« und der »historischen« Vernunft - und für Apel heißt dies vor dem Hintergrund der modernen Semiotik: Es geht um die Verbindung der »reinen« Vernunft mit einer pragmatisch (und damit methodisch) bereinigten Geschichtlichkeit.

Für diese gewünschte Verbindung von Vernunft und Geschichte sieht die Transzendentalpragmatik eine "gestufte Konzeption von Transzendentalphilosophie"[3] vor. In einem ersten Schritt soll zunächst die Vernunft etabliert oder rekonstruiert werden: "ein harter Kern aus [...] sehr formalen, allgemeinen Aussagen und Regeln".[4] Dieser harte Kern soll dann in einem zweiten Schritt umgeben werden von Aussagen und Regeln, in denen "historischer Wandel ausdrücklich vorgesehen"[5] ist.

Der erste Schritt, in dem der Letztbegründungsgedanke zum Tragen kommt, geht davon aus, daß Vernunft nur "mit den Mitteln einer Kommunikationstheorie und d.h. a fortiori: sprachphilosophisch"[6] rekonstruiert werden kann. Gemäß dieser - in der Durchführung sich doch eher als kommunikationstheoretisch oder gar argumentationstheoretisch denn als sprachphilosophisch erweisenden - Vorgaben sucht die Transzendentalpragmatik die Letztbegründung zu erreichen, indem sie dasjenige als wahr beziehungsweise gültig erweist, was in jeder **Argumentation** vorausgesetzt wird oder werden muß. Dabei ist für Apel der transzendentalpragmatische Begründungsbegriff insofern "prinzipiell verschieden von dem traditionellen - im klassischen Ratio-

---

2) K.-O. Apel, *Transformation der Philosophie*, Bd. 1, a.a.O., S. 364.

3) W. Kuhlmann, *Reflexive Letztbegründung [...]*, a.a.O., S. 20.

4) Ebenda.

5) Ebenda.

6) W. Kuhlmann, *Ist die Transzendentalpragmatik eine philosophische Form des Fundamentalismus?*, in: Thomas Meyer (Hrsg.), *Fundamentalismus in der modernen Welt. Die Internationale der Unvernunft*, Frankfurt/M. (Suhrkamp) 1989, S. 33-49, loc.cit. S. 34f.

nalismus bzw. Empirismus vorausgesetzten - Begriff der Begründung"[7] als er dort als Ableitung aus etwas anderem (Deduktion oder Induktion)[8] verstanden wird. Der Transzendentalpragmatik geht es im Unterschied dazu bei ihrem "strikt reflexiven Rekurs auf unbestreitbare **Präsuppositionen** nicht um den formallogischen Rekurs auf Prämissen".[9] Aus transzendentalpragmatischer Perspektive leiden nämlich die (Letzt-?)Begründungsversuche der Tradition unter dem Mangel, daß sie eine Lösung des Begründungsproblems alleinig auf der syntaktisch-semantischen Ebene anstreben; wobei auch nur - gewissermaßen isolierte - Aussagesätze über Sachverhalte in ihr Blickfeld geraten können. Will man auf diese Weise - durch deduktive Ableitung von Sätzen aus Sätzen - zu letztbegründeten Aussagen gelangen, muß das Unternehmen scheitern, entweder weil erstens derartige Begründungsversuche in einen **unendlichen Regress** geraten (die begründeten Sätze bedürfen ihrerseits immer wieder selbst einer Begründung), oder weil zweitens ein **logischer Zirkel** vorliegt (die begründenden Sätze werden selbst erst von den zu begründenden Sätzen begründet), oder aber weil drittens das Begründungsprogramm **willkürlich abgebrochen** wird (bestimmten begründenden Sätzen wird der Status von Axiomen zugeschrieben oder aber es werden Evidenzen in Anspruch genommen, die selbst als nicht mehr begründungspflichtig behauptet werden).[10]

---

7) K.-O. Apel, *Fallibilismus, Konsenstheorie der Wahrheit und Letztbegründung*, a.a.O., S. 186.

8) Die Deduktion soll hierbei wohl dem Rationalismus, die Induktion dem Empirismus zugeordnet werden. Einschränkend muß allerdings gesagt werden, daß der Empirismus jedenfalls keine **Letzt**begründung zu geben sucht; nicht zuletzt ist der bedeutendste Skeptiker der Neuzeit - David Hume - ein Empirist.

9) K.-O. Apel, *Fallibilismus, Konsenstheorie der Wahrheit und Letztbegründung*, a.a.O., S. 186.

10) Diese Einwände sind - mit etwas anders gefaßten Erläuterungen - von Hans Albert unter dem Namen "Münchhausen-Trilemma" vorgebracht worden. Siehe hierzu: H. Albert, *Traktat über kritische Vernunft*, Tübingen (Mohr / Siebeck) [4]1980, insbesondere S. 13.

Die Transzendentalpragmatik macht sich demgegenüber eine Überzeugung zu eigen, die auch von konstruktivistischer Seite geteilt wird, nämlich die, "daß Begründungen aus dem Bereich der sprachlichen Ausdrücke herausführen können, und, wenn sie ihrem Anspruch gerecht werden sollen, auch hinausführen müssen in den pragmatisch-lebensweltlichen Kontext, in welchem sprachliche und damit auch wissenschaftliche Handlungen erst ihren Sinn gewinnen".[11]

Bei dem Versuch, sich vom traditionellen Begründungsbegriff abzusetzen, greift Apel vor allem auf Elemente der Philosophie Ludwig Wittgensteins zurück. Zum einen wird aus Wittgensteins Sprachspiel-Konzeption (die hervorheben soll, "daß das Sprechen der Sprache ein Teil ist einer Tätigkeit, oder einer Lebensform"[12]) eine "Infragestellung der traditionellen Orientierung der Sprachphilosophie an der deskriptiven Sprachfunktion"[13] gewonnen. Zum anderen legt die Transzendentalpragmatik im Anschluß an Wittgensteins »Privatsprachenargument«[14] (mit dem die Behauptung der Möglichkeit privaten Sprechens und privater Regelbefolgung als methodischer Solipsismus ausgewiesen und widerlegt wird) ihren Überlegungen zugrunde, daß die Vernunft oder auch "Vernunftleistungen nicht nur an den Gebrauch von Sprache überhaupt, sondern an Kommunikation innerhalb von und mit Bezug auf eine Kommunikationsgemeinschaft gebunden ist".[15] Die syntaktisch-semantische Betrachtungsweise wird als zu eng verworfen; an ihre Stelle tritt eine Transzendentalphilosophie, die **die ganze**

11) F. Kambartel, *Bemerkungen zur Frage »Was ist und soll Philosophie?«*, in: H. Lübbe (Hrsg.), *Wozu Philosophie? [...]*, a.a.O., S. 17-34, loc.cit. S. 20.

12) L. Wittgenstein, *Philosophische Untersuchungen*, a.a.O., S. 28 (§ 23).

13) K.-O. Apel, *Transformation der Philosophie*, Bd. 1, a.a.O., S. 360.

14) Siehe L. Wittgenstein, *Philosophische Untersuchungen*, a.a.O., S. 88-140, insbesondere §§ 199ff. und §§ 241ff.

15) W. Kuhlmann, *Tod des Subjekts? Eine transzendentalpragmatische Verteidigung des Vernunftsubjekts*, in: Herta Nagl-Docekal und Helmuth Vetter (Hrsg.), *Tod des Subjekts?* (= Wiener Reihe, Themen der Philosophie, Bd. 2), Wien / München (Oldenbourg) 1987, S. 120-163, loc.cit. S. 143.

Komplexität der triadischen Zeichenrelation der Semiotik berücksichtigen will: auch die Zeichenbenützung soll in die Begründungsbemühungen mit einbezogen werden. Denn, so Apel: "Erst die **Pragmatik** analysiert die ganze Funktion, in deren Kontext die Ergebnisse der syntaktisch-semantischen Analyse von Sprach- bzw. Wissenschaftssystemen ihren Sinn entfalten können. Erst die **Zeichenpragmatik** kann somit die moderne **sprachanalytische Wissenschaftslogik** vollständig machen".[16]

Ein entscheidendes Motiv, das zu dieser pragmatischen Variante der Transzendentalphilosophie geführt hat, liegt in dem **Bestreben, den Skeptizismus zu widerlegen**: Der Skeptiker wird zu **dem** Gegner der Philosophie; er soll auf die Vernunft verpflichtet werden - und die Pragmatik scheint ein hilfreiches Instrumentarium zu dieser Absicht zur Verfügung zu stellen. Die skeptische Frage danach, warum man überhaupt vernünftig sein soll, wird dabei ebenso in ihre pragmatischen Zusammenhänge eingebunden wie die skeptische Behauptung, daß wir niemals wirklich etwas wissen können. Mit Wittgenstein kann der Pragmatiker nämlich darauf verweisen, daß der Skeptiker mit seiner Frage beziehungsweise insbesondere mit seiner Behauptung bereits einen Zug in einem Sprachspiel gemacht hat. Dieses Sprachspiel ist öffentlich - hier greift das »Privatsprachenargument« - und unterliegt den (gleichfalls öffentlichen) Spielregeln der Kommunikation beziehungsweise Argumentation.

Dem transzendentalpragmatischen Beweis der **Möglichkeit** einer Letztbegründung ist also die aus einer pragmatischen Sprachauffassung folgende Einsicht vorgeordnet, daß der Skeptiker mit seiner Äußerung (des Zweifels, der Frage, der Aufforderung, etwas zu

---

16) K.-O. Apel, *Transformation der Philosophie*, Bd. 2, a.a.O., S. 181f., (Hervorhebungen im Original).

begründen, der Behauptung, etc.) "den Boden des argumentativen Diskurses schon betreten hat".[17]

Gerade die Metapher des Sprach**spiels** macht allerdings deutlich, daß dieser (für die transzendentalpragmatische Letztbegründung nötigen und) vorgeordneten Einsicht nicht unbedingt die erforderliche Überzeugungskraft zukommt: Der Skeptiker oder Vernunft-Gegner hat nämlich eine Handlungsalternative, die mit Apels Zeichen-Pragmatik nicht eingeholt werden kann. An einem Spiel **kann** man sich beteiligen - **muß** es aber nicht. Vielmehr muß es gestattet sein, sich an einem Spiel (und folglich auch einem Sprachspiel) nicht zu beteiligen und nicht mitzuspielen. Es muß möglich sein, sich einem Spiel (und damit auch seinen Regeln) zu entziehen. Ob man sich auf das (philosophische) Sprachspiel einläßt und Zweifel anmeldet oder ob man sich von einem (Sprach-)Spiel abwendet, macht in diesem Zusammenhang doch einen nicht unerheblichen Unterschied. Mag im Zweifel an oder in der Frage nach der Vernunft der "formelle Schein einer Behauptung" stekken, "womit hinwieder die Skeptiker schikaniert zu werden pflegen"[18] - im Sich-Abwenden dürfte dieser "formelle Schein einer Behauptung" schwerlich auszumachen sein.

Betont man also den Aspekt des **Spiels**, der in der Sprachspiel-Metapher eigentlich nicht zu übersehen sein dürfte, so wird deutlich: Apel vernachlässigt, daß es der Wittgenstein-Pragmatik wesentlich darum zu tun ist, "alle Geltungsansprüche auszuschließen, die über die Provinzialität der besonderen, prinzipiell gleichberechtigten Sprachspiele

17) K.-O. Apel, *Fallibilismus, Konsenstheorie der Wahrheit und Letztbegründung*, a.a.O., S. 187f.

18) Georg Wilhelm Friedrich Hegel, *Verhältnis des Skeptizismus zur Philosophie. Darstellung seiner verschiedenen Modifikationen und Vergleichung des neuesten mit dem alten*, in: ders., *Jenaer Schriften 1801-1807* (= Theorie Werkausgabe in 20 Bänden, Bd. 2), Frankfurt/M. (Suhrkamp) 1980, S. 213-272, loc.cit. S. 248.

hinausweisen."[19] Anders als bei Wittgenstein - auf den er sich jedoch beruft - ist die Pragmatik bei Apel eine ganz **bestimmte** Pragmatik: die des Argumentierens oder des argumentativen Diskurses. Daß man gar nicht anders kann, als an diesem Diskurs teilzuhaben, und damit dessen Regeln (und darüber hinaus die Vernunft) anzuerkennen - dies läßt sich gerade mit der Sprachspiel-Metapher nicht zeigen.

Räumen wir hingegen ein, daß der Skeptiker seinen Zweifel tatsächlich äußert, sich also damit auf Apels Letztbegründungs-Sprachspiel einläßt, dann versucht die Transzendentalpragmatik jene Voraussetzungen (Präsuppositionen, nicht Prämissen) aufzuweisen, die in jeder Argumentation präsupponiert werden und somit für jede diskursbezogene Redehandlung notwendig und unhintergehbar sind. Durch eine - wie Apel in Anspielung auf Theodor Litt sagt - "reflexive »Selbstaufstufung der Sprache«"[20] soll der Grund der Geltung des Vernunftprinzips offengelegt werden, da der Skeptiker eben dieses Vernunftprinzip weder bestreiten noch ernsthaft bezweifeln kann, ohne sich in sogenannte "performative Selbstwidersprüche" zu verstricken.

Die Pointe der transzendentalpragmatischen Widerlegung des Skeptikers liegt nun meines Erachtens darin, daß sie gewissermaßen **die Beweispflicht umkehrt**. Nicht mehr der Vertreter von Rationalität und Begründung muß deren Geltung rechtfertigen oder beweisen, sondern der Skeptiker ist aufgefordert, die Geltungsansprüche von Rationalität und Begründung zurückzuweisen. Um dies zu können, muß er sich aber aufs Argumentieren verstehen und einlassen. Und für den Transzendentalpragmatiker heißt dies, der Skeptiker muß "mindestens in bestimmten Bereichen nicht nur argumentieren können, sondern auch

---

19) J. Habermas, *Handlungen, Sprechakte, sprachlich vermittelte Interaktionen und Lebenswelt*, in: ders., *Nachmetaphysisches Denken. [...]*, a.a.O., S. 63-104, loc.cit. S. 78.

20) K.-O. Apel, *Transformation der Philosophie*, Bd. 2, a.a.O., S. 329.

wissen, was man tut."[21] Und dieses "strikt reflexive, konstitutiv zum Argumentieren hinzugehörige, (Handlungs-)Wissen vom Argumentieren (zentriert um das Wissen vom Behauptungssprechakt)"[22] wird von den Vertretern der Transzendentalpragmatik sogar den **philosophischen Universalien** zugerechnet, womit von ihm gelten soll, "daß es durch keinen Einwand mehr relativiert werden kann, nicht einmal durch den der möglichen Inadäquatheit des kategorialen Systems, in dem es sich artikuliere, noch durch den übervorsichtigen universalen Fallibilismusvorbehalt".[23]

Zusammenfassend sei für die transzendentalpragmatische Position festgehalten: Außer der vorgeordneten Auffassung, daß auch der Skeptiker den Regeln des **argumentativen Diskurses** verpflichtet ist, sind es im wesentlichen zwei Kriterien, die der Transzendentalpragmatik dazu dienen, letztbegründete (genauer müßte man wohl doch sagen: letztbegründ**bare**) philosophische Aussagen mit universaler Geltung auszuzeichnen:[24] Zum einen wird ein besonderes philosophisches Sprachspiel postuliert, das sich aufgrund seiner strikten Reflexivität von allen anderen Sprachspielen unterscheidet. Während nämlich beispielsweise die überprüfbaren Aussagen und Regeltatsachen der empirischen Wissenschaften falsifizierbar bleiben - Apel spricht in diesem Zusammenhang von einer bewußten Einschränkung des Fallibilismusprinzips -, soll die meta-szientifische Reflexions-Ebene der Philosophie Aussagen ermöglichen, die durch das Kriterium der **transzendentalen Differenz** als nicht-fallibel (im Sinne von letztbegründbar) auszuweisen sind.

21) W. Kuhlmann, *Tod des Subjekts? [...]*, a.a.O., S. 160 (Hervorhebung im Original).

22) Ebenda.

23) Ebenda.

24) Zum folgenden siehe: K.-O. Apel, *Fallibilismus, Konsenstheorie der Wahrheit und Letztbegründung*, a.a.O., S. 184ff.

Diese Aussagen der Philosophie, die Apel allerdings nicht konkretisiert, sollen die Geltung des **Vernunft-Prinzips** sichern.

Zum anderen wird das erste, als indirekte Widerlegung des uneingeschränkten Fallibilismus verstandene Kriterium ergänzt durch die direkte Widerlegung des Fallibilismus: das **Prinzip des zu vermeidenden performativen Selbstwiderspruchs** soll zu Sätzen führen, "die keiner **Begründung aus etwas anderem** bedürfen, weil **man sie nicht verstehen kann, ohne zu wissen, daß sie wahr sind**".[25]

Damit stellt die Transzendentalpragmatik eines der anspruchsvollsten (zumindest im Sinne von: »unbescheiden«) Rationalitätskonzepte zur Überwindung des Vernunft-Relativismus vor. Ob mit diesem Plädoyer für den Absolutismus der Vernunft aber ein brauchbares Rationalitäts-Konzept zur Verfügung gestellt wird, das sowohl transzendentalphilosophischen als auch lebensweltlich-pragmatischen Ansprüchen (worin auch hermeneutische inbegriffen sein sollen) genügen kann, bleibt eine vorerst noch offene Frage. Eine Frage allerdings, der für die Beurteilung der Transzendentalpragmatik erhebliche Bedeutung zukommt, denn diese ist nicht zuletzt dafür konzipiert worden, jene divergierenden Ansprüche zu vermitteln und zu erfüllen. Dem soll nun nachgegangenen werden.

Transzendentale Fragestellungen sind immer auf (die?) Bedingungen der Möglichkeit gerichtet. Nun ist jedoch eine so formulierte Fragestellung offensichtlich unvollständig; wir suchen immer nach (den) Bedingungen der Möglichkeit **von etwas**. In der Kantischen Transzendentalphilosophie - zumindest im Hinblick auf die *Kritik der reinen Vernunft* läßt sich dies sagen[26] - ist dieses Etwas: **Erfahrung**. Da auch

25) K.-O. Apel, *Fallibilismus, Konsenstheorie der Wahrheit und Letztbegründung*, a.a.O., S. 185 (Hervorhebungen im Original).

26) Für Wolfgang Röd heißt sogar uneingeschränkt, so scheint es jedenfalls, "»transzendental« eine Betrachtungsweise [...], die den Begriff »Erfahrung« zum Ge-

bei Kant "der sprachphilosophische Aspekt prinzipiell in das transzendentallogische Programm"[27] eingeht, und die Analyse von Erfahrung als Analyse von sprachlich verfaßten Erfahrungs**urteilen** durchgeführt wird, läßt sich die *Kritik der reinen Vernunft* als eine Prüfung der Geltungsansprüche unserer Erfahrungsurteile erweisen. Da darüberhinaus "die Bedingungen der **Möglichkeit der Erfahrung** überhaupt [...] zugleich Bedingungen der **Möglichkeit der Gegenstände der Erfahrung**"[28] sind, ist bei Kant die **objektive Gültigkeit** der Erfahrungsurteile aufs engste mit dem verbunden, was sie intendieren: die Konstitution von Gegenständen. Damit ist die "Frage, wie sich Vorstellungen auf Gegenstände beziehen können, [...] nur ein anderer Aspekt der Frage, wie empirische Sätze objektiv gültig sein können".[29] Von Besonderheit scheint mir in diesem Zusammenhang zu sein, daß bei Kant (in der ersten »*Kritik*«) drei Aufgabenkomplexe in eigentümlicher Weise derart miteinander verschränkt sind, daß sie nicht unabhängig voneinander behandelt und gelöst werden können: Gültigkeitsbedingungen sind an Urteilsbedingungen und an Gegenstandsbedingungen geknüpft.

Zum einen transformiert nun Apels pragmatische Transzendentalphilosophie, wie wir gesehen haben, die Urteilsbedingungen in Diskursbedingungen; zum andern trennt sie die bei Kant miteinander verschränkten Problembereiche: Das Problem der Gegenstandskonstitution wird von Apel gänzlich ausgeklammert und von Diskurs- und Geltungsbedingungen unabhängig gemacht. Damit aber wird die Kan-

genstand hat." (W. Röd, *Über die Bedeutung von Existenzaussagen*, in: Kant-Studien, 56 [1965], S. 208-231, loc.cit. S. 221.)

27) Friedrich Kaulbach, *Philosophie als Wissenschaft. Eine Anleitung zum Studium von Kants Kritik der reinen Vernunft in Vorlesungen*, Hildesheim (Gerstenberg) 1981, S. 98.

28) Kant, *KrV*, A 158 / B 197 (Hervorhebung im Original).

29) P. Rohs, *Die transzendentale Deduktion als Lösung von Invarianzproblemen*, a.a.O., S. 137.

tische Transzendentalphilosophie wesentlich verändert. Diese bleibt nämlich - trotz der Konstruktion des »Dinges an sich«, die in gewisser Weise der Abwehr ontologischer Fragen dient - immer auch Ontologie.[30]

Gibt Kant doch die, wie Heidegger sagt, "methodische Anweisung [...]: Alle Erörterung des Wesens des Urteils muß von dem vollen Wesensbau des Urteils ausgehen, wie er sich aus den Bezügen auf den Gegenstand und auf den erkennenden Menschen im voraus festlegt."[31] Kant verleiht auf diese Weise in der *Kritik der reinen Vernunft* der Transzendentalphilosophie einen ontologischen Charakter in dem Sinne, daß in ihr stets der Bezug der (Erfahrungs-)Urteile auf die gegenständliche Welt präsent bleibt. Das in den Erfahrungsurteilen zum Ausdruck gebrachte Redehandeln[32] ist geprägt von einer intendierten Bezugnahme auf die Gegenstände. Während also Kants Erörterung der Gültigkeitsbedingungen von Urteilen in der ersten »*Kritik*« stets auf die Gewinnung von Erfahrungsbedingungen abzielt, so werden dagegen von Apel die Erfahrungsbedingungen in den Problembereich der -

---

30) An etwas entlegenen Stellen räumt Kant den Zusammenhang von Ontlogie und Transzendentalphilosophie auch ein, so zum Beispiel in seinen Vorlesungen über die Metaphysik: "Die Transcendentalphilosophie ist das System aller unsrer reinen Erkenntnisse a priori; gewöhnlich wird sie die **Ontologie** genannt." (*Immanuel Kant's Vorlesungen über die Metaphysik. Zum Drucke befördert von dem Herausgeber der Kantischen Vorlesungen über die philosophische Religionslehre* [das ist K.H.L. Pölitz; Th.G.], Erfurt 1821, reprographischer Nachdruck, Darmstadt [Wissenschaftliche Buchgesellschaft] 1988, S. 18 (Hervorhebung im Original).
Vgl. auch Kant, *Fortschritte*, AA XX, S. 260 und Reflexion 5130, AA XVIII, S. 100.

31) M. Heidegger, *Die Frage nach dem Ding. Zu Kants Lehre von den transzendentalen Grundsätzen*, Tübingen (Niemeyer) ^{2}1975, S. 125.

32) Maximilian Forschner arbeitet den Handlungscharakter des Erkennens bei Kant heraus.
Siehe ders., *Synthesis und Handlung bei Aristoteles und Kant*, in: G. Prauss (Hrsg.), *Handlungstheorie und Transzendentalphilosophie*, Frankfurt/M. (Klostermann) 1986, S. 82-97, besonders S. 82-87.

im weiteren Sinne - lebensweltlichen Handlungszusammenhänge verwiesen und von ihm auch nicht weiter thematisiert. Als »harter Kern« der pragmatischen Transzendentalphilosophie Apels bleibt dann nur noch die Reflexion auf die sozusagen »puren« Geltungsbedingungen. Diese folgenreiche Verschiebung der transzendentalphilosophischen Fragestellung wird herbeigeführt, weil mit der betont »strikten« Reflexion auf die Gültigkeit von Erkenntnis**aussagen** oder -**argumenten** der handlungsentlastete argumentative **Diskurs selbst zum** eigentlichen **Thema** wird.

Die zentrale Frage der *Kritik der reinen Vernunft* ist die Frage nach den **Erfahrungs**bedingungen (nach der Möglichkeit der Geltung von Erfahrung) - die zentrale Frage der Apelschen Transzendentalpragmatik ist die Frage nach den **Diskurs**bedingungen (nach der Möglichkeit der Geltung des Diskurses).

Für die Interpretation und das Verständnis der *Kritik der reinen Vernunft* bereitet die Tatsache, daß Kant die Gültigkeitsreflexion an die Erfahrungsbedingungen gebunden hat, stets erhebliche Schwierigkeiten; zumal in die Erfahrungsbedingungen sowohl gegenstandstheoretische als auch urteilstheoretische Überlegungen eingehen. Außerdem werden, wie wir heute sagen würden, sowohl prädiskursive als auch diskursive Erfahrungsbedingungen thematisiert. Von diesen Interpretationsproblemen her gesehen, ist es zunächst durchaus einsichtig, daß Apel eine Trennung hat vornehmen wollen: Durch die »Geltungsbedingungen pur« wird ein methodischer Gewinn erzielt, und zwar nicht zuletzt deswegen, weil man ontologischer Probleme entledigt wird. Aber der Preis, der dafür zu zahlen ist, liegt, wie mir scheint, gleichfalls auf der Hand: Der Weg zu einer **material gehaltvollen Transzendentalphilosophie** - der schon für Kant mit zum Teil unerfüllt gebliebenen Anstrengungen verbunden war, wie seine dahingehenden Versuche im *Opus postumum* belegen - scheint nun endgültig abgeschnitten.

Zugespitzt läßt sich sagen, daß die Apelsche Variante der Transzendentalphilosophie letztlich nicht einmal mehr (die) **Bedingungen** der Möglichkeit von etwas (also in diesem Fall des vernünftigen Diskurses) anzugeben vermag, sondern nur noch das **Bestehen** der unhintergehbaren Faktizität des vernünftigen Diskurses konstatiert. Wenn es sich die Transzendentalpragmatik zur Aufgabe gemacht hat, zu letztbegründeten philosophischen Aussagen mit universeller Geltung zu gelangen, so muß sie als bislang erfolglos angesehen werden. Es scheint ihr nur gelungen zu sein, durch ihre metasprachliche Reflexion auf die Notwendigkeit einer **Klasse** von Aussagen hingewiesen zu haben, denen der Status von unbestreitbaren Rede- und Argumentationsvoraussetzungen zukommt. Es wurde jedoch nicht erreicht, diese Klasse mit definitiv begründeten philosophischen Aussagen universaler Geltung zu füllen. Die Klasse letztbegründeter Aussagen konnte nur intensional bestimmt werden, extensional bleibt sie leer.

Diese materiale oder inhaltliche Armut, die zweifellos ein Mangel der Transzendentalpragmatik ist, wird von ihren Vertretern als die Kehrseite der Vorzüge in Kauf genommen. Denn dieser Mangel, so heißt es, "ist zugleich ihre Stärke. Daß sie inhaltlich so arm ist, hängt damit zusammen, daß sie quasi kontextlos behauptet und verteidigt werden kann."[33] Eine pragmatische Transzendentalphilosophie aber, die unabhängig von Kontexten behauptet und verteidigt werden kann, gerät in Verdacht, gerade das zu vernachlässigen, was sie als Pragmatik auszeichnen soll: die Berücksichtigung der Zeichenbenützung. Carl Friedrich Gethmann benennt insofern eine fundamentale Schwachstelle der transzendentalpragmatischen Begründungskonzeption, wenn ihm mit Blick auf deren einleitende pragmatische Devisen auffällt, "daß trotz der mit dem Titel »Transzendentalpragmatik« angezeigten Prä-

33) W. Kuhlmann, *Tod des Subjekts? [...]*, a.a.O., S. 162.

tentionen der Begriff der »Begründung« bei K.-O. Apel und W. Kuhlmannn **ganz und gar unpragmatisch** genommen ist".[34]

Erinnern wir uns daran, daß die Wittgensteinsche Metapher vom »Sprachspiel« von Apel so funktionalisiert wird, daß sie einen wichtigen Beitrag dazu leisten sollte, die Beweispflicht zuungunsten des Skeptikers umzukehren, und ihn in den vernünftigen, argumentativen Diskurs einzubinden. Von der Transzendentalpragmatik wird diese Metapher in Anspruch genommen, um die skeptische Behauptung als eine Tätigkeit zu kennzeichnen, die an bestimmte Voraussetzungen (Präsuppositionen) gebunden ist, mit denen der Inhalt der skeptischen Behauptung in Widerspruch gerät. Folgt man Apel und Kuhlmann, dann ist es die Performanz des argumentativen Diskurses, die den Skeptiker dazu zwingt, seine Behauptung zurückzunehmen, da die skeptische Behauptung zur Situation, in der sie geäußert wird, in »performativem Selbstwiderspruch« steht.

Gegen diese Auffassung läßt sich - ehe wir zu direkten Einwänden gegen Apels und Kuhlmanns Position kommen[35] - ein **Vorbehalt** anmelden. Dieser Vorbehalt gilt diesem sogenannten »pragmatischen« oder »performativen Selbstwiderspruch«.[36] Für den Transzendentalpragma-

---

34) Carl Friedrich Gethmann, *Letztbegründung vs. lebensweltliche Fundierung des Wissens und Handelns*, in: Forum für Philosophie Bad Homburg (Hrsg.), *Philosophie und Begründung*, a.a.O., S. 268-302, loc.cit. S. 271 (Hervorhebung Th.G.).

35) Siehe unten S. 99ff.

36) Die Forderung nach einer Erläuterung dessen, was der »performative Selbstwiderspruch« überhaupt meint, ist dem von Carl Friedrich Gethmann und Rainer Hegselmann (*Das Problem der Begründung zwischen Dezisionismus und Fundamentalismus*, in: Zeitschrift für allgemeine Wissenschaftstheorie, Bd. VIII / 1977, S. 342-368) als entscheidend angesehenen Einwand gegen die transzendentalpragmatische Letztbegründungsargumentation vorgeordnet. Wer, wie diese, vor allem bemängelt, "daß für die Regel vom zu vermeidenden (pragmatischen) Widerspruch kein Begründungsversuch unternommen wird" (S. 347), hat **die Rede** vom "performativen" oder "pragmatischen Selbstwiderspruch" bereits akzeptiert.

tiker gehört dasjenige, was man "nicht ohne aktuellen Selbstwiderspruch bestreiten"[37] kann, zu den "transzendentalpragmatischen Voraussetzungen der Argumentation, die man immer schon anerkannt haben muß, wenn das Sprachspiel der Argumenattion seinen **Sinn** behalten soll".[38] Durch das Prinzip vom zu vermeidenden performativen Selbstwiderspruch soll folglich die "reflexive, transzendentalpragmatische Einsicht in die unkritisierbaren Grundlagen der Argumentation selbst"[39] validiert werden. Damit **kommt dem Konzept des "pragmatischen Selbstwiderspruchs" für das Gelingen der transzendentalpragmatischen Letztbegründung entscheidende Bedeutung zu** - allerdings scheint gerade dieses Konzept trotz seiner eminenten Wichtigkeit nur ungenügend ausgearbeitet zu sein.

Daß der »performative Selbstwiderspruch« von einer »schlichten« logischen Kontradiktion unterschieden werden soll,[40] wird sprachlich durch ein Adjektiv ("performativ") und durch ein Präfix ("Selbst...") zum Ausdruck gebracht. Auf das Präfix kann allerdings wohl verzichtet werden, ohne daß der transzendentalpragmatische Argumentationsgang Schaden nimmt. Somit mag der Hinweis als marginal erachtet werden, daß bei der Widerlegung des Skeptikers bereits ein Begriff von der Identität der Person - und zwar im emphatischen Sinne! - in Anspruch genommen werden muß, wenn der Vorwurf des "**Selbstwiderspruchs**" darauf abzielen soll, **dem Skeptiker** Inkonsistenzen (in **seiner** Position) nachzuweisen.[41]

---

37) K.-O. Apel, *Das Problem der philosophischen Letztbegründung im Lichte einer transzendentalen Sprachpragmatik*, a.a.O., S. 72.

38) Ebenda, S. 72f. (Hervorhebung im Original).

39) Ebenda, S. 72.

40) Siehe W. Kuhlmann, *Reflexive Letztbegründung [...]*, a.a.O., S. 89.

41) Sollen hingegen nicht dem Skeptiker Inkonsistenzen nachgewiesen werden, sondern soll der **Aussage-Handlungs-Komplex** des Skeptikers als ähnlich widerspruchsvoll angesehen werden wie beispielsweise der Satz: "Dieses Quadrat ist kreisförmig.", so müßte der "performative Selbstwiderspruch" in Analogie zu einem direkten logischen Widerspruch (einer "selbstwidersprüchlichen" Aussa-

Keineswegs als marginal kann dagegen der Hinweis darauf erachtet werden, daß **das Adjektiv "performativ" erläuterungsbedürftig ist**. In seiner "Durchführung des Letztbegründungsarguments"[42] der Transzendentalpragmatik unterscheidet Wolfgang Kuhlmann einen "illokutiv verstandenen performativen Teil"[43] einer Aussage[44] von einem "prädikativ verstandenen propositionalen Teil". Mit dieser Unterscheidung sind aber Interpretationsprobleme verbunden, und zwar insbesondere deswegen, weil hier - entgegen dem ersten Anschein - keine Anknüpfung an die gebräuchliche Verwendung von "performativ" oder auch "Performanz" möglich zu sein scheint: Weder von seiten der Linguistik noch von seiten der Sprechakt-Theorie läßt sich die Kuhlmannsche Distinktion in befriedigender Weise erhellen, wie im folgenden kurz gezeigt werden soll.

In der Linguistik stellt sich ein Problem, von dem man zunächst meinen könnte, daß es - folgt man der Formulierung Chomskys - in der Behandlung des "performativen Selbstwiderspruchs" wieder auftaucht: Es handelt sich um "das Problem, aus den Daten der Sprachverwendung heraus das zugrundeliegende Regelsystem zu bestimmen, über das der Sprecher-Hörer verfügt".[45] Der von den Transzendentalpragmatikern vorgebrachte Zug gegen den Skeptiker ließe sich dann so reformulieren, daß das von Chomsky benannte Problem in Anspruch genommen wird: Aus den (pragmatischen) »Daten« der Sprachverwendung des Skeptikers heraus soll das zugrundeliegende Regelsystem der Argumentation gewonnen werden, über das der Skeptiker verfügt

ge) gedacht werden. Diese Analogie verweist aber auf die im Text im folgenden zu behandelnden Probleme mit der Performanz.

42) W. Kuhlmann, *Reflexive Letztbegründung [...]*, a.a.O., S. 82-91.

43) Ebenda, S. 88.

44) Kuhlmanns Beispiel ist die Behauptung (p) des Skeptikers: "Die Regeln der Argumentation gelten für mich nicht."

45) N. Chomsky, *Aspekte der Syntax-Theorie*, Frankfurt/M. (Suhrkamp) 1969, S. 14 [amerikanisches Original 1965].

(ohne daß er bereit wäre, dieses Verfügen einzugestehen). Da aber Chomskys Terminologie, wie er selbst anmerkt,[46] der Unterscheidung von "langue" und "parole", die Ferdinand de Saussure gemacht hat, verwandt ist, bleibt sie für das transzendentalpragmatische Problem des "performativen Selbstwiderspruchs" unbrauchbar, denn Chomsky übernimmt offensichtlich den de Saussureschen parole-Begriff zunächst weitgehend unkritisch (und gebraucht für diesen nichts anderes als den **neuen Ausdruck** "Performanz"). Sein Interesse gilt vielmehr in erster Linie dem langue-Begriff, den er - in Abhebung von de Saussure, der darunter ein systematisches **Inventar von Einheiten** verstand - umdeutet zu einem Begriff, der ein System **generativer Prozesse** beinhaltet.[47] Der langue-Begriff wird ersetzt durch den Begriff der **Kompetenz**. Damit insistiert Chomsky gegen die von Leonhard Bloomfield und dessen Schülern vorgebrachte deskriptivistische Auffassung sowie gegen den Behaviourismus darauf, daß von der (mentalistischen) Verfügung über diese Prozesse, das heißt von der (Sprach-)Kompetenz her, versucht werden muß, das »empirische Material« der Linguisten, und das heißt die aktuelle Sprachverwendung, zu erforschen.

Der Ausdruck "Performanz" dient also dazu, die Differenz der aktuellen Sprachverwendung in konkreten Situationen zur (Sprach-)Kompetenz zu markieren. Chomskys Performanz-Begriff steht damit im Kontext wissenschaftstheoretischer Überlegungen der Linguistik, wobei mit diesem Begriff der Bereich der empirischen Daten ausgewiesen wird; ein Bereich, der sich, so im übrigen Chomskys These, nur in

46) N. Chomsky, *Aspekte der Syntax-Theorie*, a.a.O., S. 14.

47) Chomsky nimmt hier Bezug auf Wilhelm von Humboldts »Energeia-Modell der Sprache«.
Siehe W. v. Humboldt, *Ueber die Verschiedenheit des menschlichen Sprachbaues und ihren Einfluss auf die geistige Entwicklung des Menschengeschlechts*, in: ders., Werke in fünf Bänden, hrsg. von Andreas Flitner und Klaus Giel, Bd. III, Darmstadt (Wissenschaftliche Buchgesellschaft) 61988, S. 368-756, bes. S. 418, S. 431 und S. 477.

dem Maße erforschen läßt, "wie es Einsichten in die zugrundeliegende Kompetenz erlauben".[48]

Damit aber scheidet für die Transzendentalpragmatik die Möglichkeit einer Inanspruchnahme dieses Performanz-Begriffs aus, denn mit dem Verweis auf die Empirie läßt sich kein Letztbegründungsargument validieren. Mit anderen Worten: Die Gültigkeit des Regelsystems der (vernünftigen) Argumentation läßt sich nicht aus Regeln erweisen, die aus dem (empirischen) »Argumentationsbeitrag« des Skeptikers durch Abstraktion (?) gewonnen werden. Was Kuhlmann unter dem "performativen Teil" der Äußerung des Skeptikers versteht, steht also offenbar quer zu der Unterscheidung Chomskys.[49]

In der Sprechakt-Theorie von John L. Austin, wo die Begrifflichkeit, um die es hier geht, geprägt wurde,[50] soll der Name "performativer Satz" oder "performative Äußerung" "andeuten, daß jemand, der eine solche Äußerung tut, **damit** eine Handlung vollzieht".[51] Die "performative Äußerung" wird von Austin anfangs als Gegenstück zur konstativen Äußerung verstanden und konzipiert - auch wenn er im Anschluß an seine (vergebliche) Suche nach zuverlässigen (grammatikalischen) Kriterien zur Bestimmung von explizit performativen Sätzen

---

48) N. Chomsky, *Aspekte der Syntax-Theorie*, a.a.O., S. 21.

49) Dies deutet sich übrigens schon in Apels Auseinandersetzung mit Chomsky an. Wenn Apel das "Fehlen einer **pragmatisch** erweiterten Theorie der Sprach**kompetenz**" (*Transformation der Philosophie*, Bd. 2, a.a.O., S. 266, Hervorhebung im Original) beanstandet, scheint er die Performanz entscheidend umdeuten zu wollen.
Dieser Eindruck wird verstärkt, wenn Apel (ebenda, S. 301) von den Sprechakten und den performativen Ausdrücken im Anschluß an John R. Searle behauptet, sie "stellen nicht nur ein Thema für das Studium der »parole« im Sinne de Saussures, sondern auch ein Thema für das Studium der »langue« dar".

50) Austin nimmt dies jedenfalls für sich in Anspruch.
Siehe John Langshaw Austin, *Zur Theorie der Sprechakte (How to do things with words)*, Stuttgart (Reclam RUB 9396) ^{2}1979, S. 30 [englisches Original 1962].

51) Ebenda (Hervorhebung im Original).

"diese Dichotomie zugunsten von größeren **Familien** verwandter und einander überlappender Sprechakte"[52] wieder aufgibt. Welche Schwierigkeiten sich im einzelnen auch immer bei Versuchen einer exakten Grenzziehung zwischen performativen Sätzen und anderen Sprechakten ergeben mögen, so bleiben doch zwei Aspekte bestehen, die Kuhlmanns Unterscheidung auch vom Gesichtspunkt der Sprechakt-Theorie als fragwürdig erscheinen lassen:

1. Die Verknüpfung der Äußerung mit der Handlung - dies zeigen auch seine Beispiele: Taufen, Heiraten, Vererben und dergleichen - wird von Austin bei den performativen Sätzen als so eng angesehen, daß diese "**keine** Äußerungen darstellen, die »wahr« oder »falsch« sein könnten",[53] sondern daß sie, wenn sie "schiefgehen", als "verunglückt"[54] bezeichnet werden müssen - wie eben auch Handlungen (im engeren Sinn) nicht »wahr« oder »falsch« sind, sondern »glücken« beziehungsweise »gelingen« oder »verunglücken« beziehungsweise »mißlingen«. Das heißt, daß die performativen Äußerungen als Handlungen identifiziert werden müssen (ja, daß sie sogar in manchen Fällen durch nichtsprachliche Handlungen ersetzt werden können). Nun ist aber nicht zu sehen, wie die Äußerung des Kuhlmannschen Skeptikers (oder der "performative Teil" dieser Äußerung) »mißlingen« kann: Durch das Prinzip vom zu vermeidenden performativen Selbstwiderspruch soll der Skeptiker vielmehr dazu gezwungen werden, seine Behauptung zurückzunehmen, sie als »falsch« anzusehen. Eine Handlung jedoch kann man nicht »zurücknehmen«; allenfalls kann man sie, sofern sie etwa wirkungslos, nichtig (zum Beispiel bei juristischen Formfehlern) oder unehrlich (zum Beispiel bei einer Täuschung) gewesen ist, durch eine andere Handlung »ersetzen«. Dem Skeptiker sol-

52) J.L. Austin, *Zur Theorie der Sprechakte [...]*, S. 168 (Hervorhebung im Original).

53) Ebenda, S. 35 (Hervorhebung im Original).

54) Ebenda, S. 36.

len nach Auffassung der Transzendentalpragmatik hingegen **keine Handlungsalternativen** gelassen werden, die es ihm ermöglichten, seine »mißlungene« Handlung durch eine bessere zu »ersetzen« - ihm bleibt nur, sie als »**falsch**« zurückzunehmen.

2. Die performativen Äußerungen sind bei Austin an Konventionen gebunden.[55] Demgemäß spielt das Verletzen von konventionalen Regeln eine bedeutende Rolle beim möglichen »Verunglücken« von performativen Äußerungen. Der Transzendentalpragmatik muß es dagegen verwehrt sein, auf konventionale Regeln oder Übereinkünfte zu verweisen, um das Scheitern der skeptischen Behauptung aufzudecken. Da die Geltung der Regeln des argumentativen Diskurses ja sowohl universell als auch letztbegründet sein soll, darf kein Rückgriff auf kulturvariante Gepflogenheiten erfolgen.

Die Forderung nach einer Erläuterung der Rede vom "performativen Selbstwiderspruch", die hier kurz anhand eines sich aus der linguistischen und sprechakttheoretischen Terminologie ergebenden Vorbehalts ausgeführt wurde, erhält zusätzliches Gewicht dadurch, daß das Wissen vom "performativen Selbstwiderspruch" nach transzendentalpragmatischem Verständnis unabhängig vom möglicherweise inadäquaten kategorialen System, in dem es formuliert wird, Bestand haben soll[56] - aber wohl auch für diesen Typus von Widerspruch ohne zusätzliche Argumente nicht von der Hand zu weisen ist, was Thomas M. Seebohm bemerkt: "Was Widerspruch allgemein ist und was Widersprüche sind, kann nur mit Bezug auf ein vorgegebenes kategoriales System gesagt werden".[57]

---

55) Siehe J.L. Austin, *Zur Theorie der Sprechakte [...]*, a.a.O., S. 37 und S. 90.

56) Vgl. oben S. 86.

57) Thomas M. Seebohm, *Über die unmögliche Möglichkeit andere Kategorien zu denken, als die unseren*, in: Forum für Philosophie Bad Homburg (Hrsg.), *Kants transzendentale Deduktion und die Möglichkeit von Transzendentalphilosophie*, a.a.O., S. 11-31, loc.cit. S. 28 (Hervorhebung im Original).

Neben dem Aufweis eines **Defizits in der Argumentation** des transzendentalpragmatischen Letztbegründungsversuchs hat die eben ausgeführte Forderung nach einer Erläuterung des Konzepts vom "performativen Selbstwiderspruch" eine weitere Konsequenz: Es bleibt **fraglich**, inwiefern die Transzendentalpragmatik ihrem Anspruch gerecht werden kann, eine **Vermittlung von Transzendentalphilosophie und historischer Vernunft** (oder gar, wie Apel meint, "historischer Empirie") zu erbringen.[58] Die Berücksichtigung der Pragmatik sollte ja gerade den als zu eng erachteten Rahmen einer syntaktisch-semantischen Betrachtungsweise mit der Absicht ausweiten, dadurch eine methodisch bereinigte Geschichtlichkeit in die Transzendentalphilosophie integrieren zu können.

Damit kommen wir nun zu **direkten Einwänden** gegen Apels und Kuhlmanns Position. Zu diesem Zweck wollen wir uns abermals der Sprachspiel-Metapher zuwenden. Diese und der mit ihr eingebrachte pragmatische Aspekt der Sprachbetrachtung soll für die Transzendentalpragmatik vor allem zweierlei leisten: Zum einen soll (1) die spezifisch transzendentalpragmatische Letztbegründungsargumentation **vorbereitet** werden (so verstanden ist der "performative Selbstwiderspruch" in die Sprachspiel-Konzeption eingebunden) und zum anderen sollen (2) die "»Sprachspiele« als Modell-Einheiten von Sprachgebrauch, Lebensform und Welterschließung [...] jene lebendige Inkarnation der Funktion des Geistigen"[59] darstellen, die es erlaubt, die Vorstellung des transzendentalen »Subjekts überhaupt« zugunsten einer **»Kritik der historischen Vernunft«** zu überwinden.[60]

---

58) Siehe oben , S. 79f.

59) K.-O. Apel, *Transformation der Philosophie*, Bd. 1, a.a.O., S. 364.

60) Siehe ebenda.

Ad (1)

Zwar stehen die Sprachspiel-Metapher und der "performative Selbstwiderspruch" in engem Zusammenhang, doch scheint selbst im Hinblick auf die Letztbegründung ein eigenes Eingehen auf die Sprachspiel-Metapher dadurch gerechtfertigt, daß der "performative Selbstwiderspruch" nicht mehr als ein sozusagen argumentationstechnisches Instrument darstellt, das die Letztbegründungsargumentation validieren soll. Wenngleich damit der "performative Selbstwiderspruch" gleichsam zum »höchsten Punkt« der Letztbegründung wird, so erhält diese ihre **Plausibilität** doch vornehmlich durch die Sprachspiel-Metapher. Auf das Sprachspiel nämlich stützt sich die Transzendentalpragmatik bei ihrem Versuch, von den üblichen (»klassischen«) Begründungsverfahren Abstand zu nehmen und einen **neuen Begründungstyp** einzuführen.

Ein neues Verfahren der Begründung wird insbesondere durch die aus dem »Münchhausen-Trilemma«[61] sich ergebenden Einwände erforderlich. Wenn wir nämlich, wie üblich, unter **Begründen** den Rückgang von einem Satz (dem - in seiner Geltung - Bedingten) zu einem anderen, ihm die geforderte Geltung verleihenden Satz (dem Bedingenden) verstehen, so ist offensichtlich, daß es unbenommen bleibt, das Bedingende selbst wieder als etwas Bedingtes aufzufassen, wovon wir abermals ein Bedingendes (oder genauer: das Bedingende) aufzusuchen haben. Und so fort. Bei einem derartigen Verständnis von Begründung wäre ein sinnvoller Gebrauch des Prädikats "letztbegründet" nur dann gegeben, wenn **das definitiv letzte Glied** einer solchen Reihe gefunden wäre. (In der Sprache der Tradition wäre dies »das Unbedingte«). Wer es, wie dies auch Apel und Kuhlmann tun, für ausgeschlossen hält, daß ein definitiv letztes Glied einer derartigen Reihe angegeben werden kann, das nicht selbst wieder als begründungsbedürftig ange-

61) Vgl. oben, S. 81 (Anm. 10).

sehen werden kann, und wer aber dennoch zugleich an der Auffassung festhalten will, "daß sich der Prozeß des Rechenschaftgebens, der Einlösung von Begründungspflichten, zumindest prinzipiell zu einem positiven **Abschluß** bringen lasse",[62] der muß das Begründungskonzept in einer Weise verändern, daß Begründen nicht mehr als Rückgang auf einen bedingenden Satz verstanden wird und daß folglich Letztbegründung nicht mehr als Abschluß einer (deduktiv geordneten?) Reihe von Sätzen aufgefaßt wird.

Will die transzendentalpragmatische Letztbegründung aber erfüllen, was ihre Bezeichnung vorgibt, so hat sie dennoch etwas zum »endgültigen« Abschluß zu bringen. Wolfgang Kuhlmann stellt in dieser Absicht eine der traditionellen Auffassung (die er Begründung durch "Ableitung" nennt) konkurrierende "Konzeption von Begründung als Aufdeckung, als Anamnesis"[63] entgegen. Die Pointe dieser Art von Begründung liegt nun darin, daß der Begründende dem Opponenten **zeigt**, daß das zu Begründende "**selbst** vom Opponenten (immer) schon anerkannt ist."[64] Durch dieses Zeigen sollen wir offensichtlich

---

62) Norbert Hinske, *Lebenserfahrung und Philosophie*, Stuttgart-Bad Cannstatt (fromann-holzboog, problemata 100) 1986, S. 203 (Hervorhebung Th.G.).

63) W. Kuhlmann, *Reflexive Letztbegründung [...]*, a.a.O., S. 93.

64) Ebenda (Hervorhebung im Original).
Dabei vermag ich der von Kuhlmann an dieser Stelle erläuterten Differenz in den Pointen der beiden Begründungsarten nicht zu folgen. Es bestehe, so meint Kuhlmann, deswegen ein wesentlicher Unterschied, weil in der Begründung als Aufdeckung dem Opponenten **gezeigt** werde, daß das Strittige **selbst** von ihm immer schon anerkannt sei, in der Begründung durch Ableitung hingegen dem Opponenten **demonstriert** werde, daß das Strittige eine **Konsequenz** der bereits zugestandenen Prämissen sei.
Kuhlmann will hier offensichtlich abweisen, es müsse bei der anamnetischen Begründung etwas **anderes** als das Strittige (?) in Anspruch genommen werden, um die Begründungsaufgabe erfüllen zu können (denn dieses andere könnte ja abermals zum Strittigen werden).
Nun liefern aber Begründungen "keine Grundlagen, sondern nur Gründe." (Wolfgang R. Köhler, *Zur Debatte um reflexive Argumente in der neueren deutschen Philosophie*, in: Forum für Philosophie Bad Homburg (Hrsg.), *Philosophie und Begründung*, a.a.O., S. 303-333, loc.cit. S. 319). Das heißt zunächst,

auf die letztbegründeten Sätze der Transzendentalpragmatik aufmerksam gemacht werden und deren **unmittelbare (oder unvermittelte) Geltung** einsehen. Damit wird aber der Begründung jener intendierte pragmatische Aspekt entzogen, den etwa Wittgenstein für das Zu-Ende-Kommen von Rechtfertigungen notiert hat. Für ihn ist es nämlich nicht das Ende einer Begründung, "daß uns gewisse Sätze unmittelbar als wahr einleuchten, also eine Art **Sehen** unsererseits, sondern unser **Handeln**, welches am Grunde des Sprachspiels liegt."[65]

Nun möchte man allerdings meinen, daß, bei wohlwollender Interpretation dieses Wittgenstein-Zitats, in ihm gerade der transzendentalpragmatische Grundgedanke zum Ausdruck gebracht wird (die transzendentalpragmatische Letztbegründung wäre dann der Hinweis auf unser am Grunde des Sprachspiels liegendes Handeln). Daß die von Apel und Kuhlmann angestrebte Letztbegründung aber nicht auf die von Wittgenstein vorgeschlagene, pragmatische Weise ihr Ende, ihren Abschluß finden kann, liegt vornehmlich daran, daß "eine vernünftige

---

in beiden Fällen sind Argumente anzuführen, die **einen Zusammenhang herstellen** zwischen etwas Anerkanntem (dies mögen Sätze, also Prämissen sein oder eine gemeinsame Praxis) und etwas, dessen Anerkennung durch eben diese Argumente herbeigeführt werden soll. Es bedarf also immer der Inanspruchnahme von etwas anderem, um das zu Begründende rechtfertigen können. (Weder das bloße Benennen der Prämissen noch das wiederholte Zeigen auf »die« Praxis verschafft beim Begründen Gründe - auch wenn beides als gemeinsam Anerkanntes jeweils die Grundlage oder den Ausgangspunkt **für** die Argumentation bilden mag).

Sofern wir jemanden von etwas durch Begründen überzeugen wollen, sind es stets **Argumente**, die wir als Mittel verwenden, um den Zusammenhang zwischen dem Strittigen und dem bereits Akzeptierten herzustellen. Und diese Mittel haben die Funktion, die Geltung des Strittigen zu stützen oder zu sichern. Wenn diese Mittel aber, wie Kuhlmann bei dieser Gelegenheit behauptet, im Falle der "Begründung als Anamnesis" **nicht** als rationes validitatis fungieren, dann liegt es nahe zu vermuten, in der "Aufdeckung" liege keine neue Art der Begründung, sondern vielmehr ein bloß rhetorisches Instrument der Überzeugung (oder besser: der Überredung).

65) L. Wittgenstein, *Über Gewißheit*, hrsg. von G.E.M. Anscombe und G.H. von Wright, Frankfurt/M. (Bibliothek Suhrkamp 250) 1979, § 204, S. 59 (Hervorhebung im Original).

Letztbegründung nicht **allein** in den Bedingungen **argumentativer Pragmatik** gefunden werden kann."[66] Ja mehr noch: Die transzendentalpragmatische Untersuchung reflektiert nicht nur lediglich eine ganz spezifische Praxis des Redens und Argumentierens (die philosophische Auseinandersetzung, die mit dem Skeptiker zu führen ist); sie hat mit diesem Reflexionsgegenstand eine »Praxis« gewählt, die nur mehr in einem abgeleiteten Sinne als Praxis bezeichnet werden kann,[67] eine jedenfalls »unpragmatische« Praxis: Ist doch der philosophische Diskurs[68] gerade dadurch ausgezeichnet, daß er **handlungsentlastet** ist. (Dabei ist es nichteinmal nötig, Wittgensteins genealogischer Deutung zu folgen, daß die philosophischen Probleme dann "**entstehen**, wenn die Sprache **feiert**."[69] Es genügt, wenn wir stattdessen daran festhalten, daß sich die philosophischen Probleme nur dann **erörtern lassen**, wenn die Sprache **Feierabend** hat).

Auch wenn sie damit den Anspruch preisgeben muß, die Pragmatik zu berücksichtigen, so ist das Motiv, das die Transzendentalpragmatik

---

66) Jean F. Lyotard, *Grundlagenkrise*, in: Neue Hefte für Philosophie, Heft 26 / 1986, S. 1-33, loc.cit. S. 9 (Hervorhebung Th.G.).

67) Um Mißverständnisse zu vermeiden, sei eigens darauf hingewiesen, daß ich mich hier nicht auf die antike Tradition des Wortgebrauchs beziehe. Damit wird auch die Unterscheidung von Praxis und Poiesis vernachlässigt, auf deren differenzierte, nicht disjunkte Struktur Theodor Ebert aufmerksam gemacht hat: *Praxis und Poiesis. Zu einer handlungstheoretischen Unterscheidung des Aristoteles*, in: Zeitschrift für philosophische Forschung, Bd. 30 / 1976, S. 12-30.

68) Das Adjektiv "philosophisch" sei dem Wort "Diskurs" auch deswegen hinzugefügt, um deutlich zu kennzeichnen, daß dieser Diskurs in einem **komplementären** Verhältnis zum "kommunikativen Handeln" steht. Jürgen Habermas verwendet das Wort "Diskurs" **manchmal** in dieser Weise (siehe zum Beispiel: *Erkenntnis und Interesse*, Frankfurt/M. [Suhrkamp stw 1] [6]1981, S. 386f.).
Da jedoch Herbert Schnädelbach gezeigt hat, daß die Habermasschen Äußerungen zum Diskurs kein einheitliches Bild ergeben (*Reflexion und Diskurs. Fragen einer Logik der Philosophie*, Frankfurt/M. [Suhrkamp] 1977. S. 144f.), soll das Adjektiv "philosophisch" den Unterschied des Diskurses vom handlungsbegleitenden Reden besonders markieren.

69) L. Wittgenstein, *Philosophische Untersuchungen*, a.a.O., S. 39 (§ 38). (Erste Hervorhebung Th.G.).

zur Restriktion ihrer Reflexion geführt hat, durchaus einsichtig. Die Beschränkung auf die mit dem Skeptiker zu führende Auseinandersetzung wird durch die Überlegung nahegelegt, daß der Angriff des Skeptikers auf »die« Vernunft die **radikalste** Infragestellung von Rationalität darstellt und daß damit der **weitestgehende** Zweifel an der Möglichkeit von Wahrheit und Rationalität vorgebracht wird. Mit der Widerlegung des Skeptikers meint man, Rationalität überhaupt legitimiert und die Möglichkeit von Moralität und Wahrheit nachgewiesen zu haben. Vor diesem Hintergrund wird **Letzt**begründung verstanden als die Ausräumung der radikalsten (und insofern »letzten« denkbaren) Einsprüche gegen Rationalität. Ist diese »Letzt«-Begründung erst einmal geleistet, so glaubt man damit den Archimedischen Punkt gefunden zu haben, an welchem sich die Vernunft fixieren läßt. Von diesem Punkt aus sollte sich dann der skeptische Relativismus gleichsam aus den Angeln heben lassen.

Wegen der angeführten Vorbehalte und Einwände gegen die Letztbegründungsargumentation der Transzendentalpragmatik ist es ihr aber nicht gelungen, den skeptischen Relativismus zurückzuweisen. Und selbst einmal unterstellt, es wäre ihr die Letztbegründung gelungen, so wäre die aufgrund der methodischen Restriktion gewonnene Fixierung der Vernunft, wie es sich für einen Archimedischen Punkt gehört, gewissermaßen »extramundan«: Es ergäben sich Anschlußprobleme für das, was Apel eigentlich zu leisten unternommen hatte. Die aus der Letztbegründung gewonnene Vernunft wäre weit davon entfernt, eine »*Kritik der historischen Vernunft*« zu ermöglichen. In den Letztbegründungsdiskurs mit dem Skeptiker geht an keiner Stelle die Geschichtlichkeit mit ein - wie sollte man von da aus zu einer transzendentalhermeneutischen Vernunftkonzeption gelangen?

Wie aber soll »Geschichtlichkeit« in die Transzendentalphilosophie Eingang finden können? Kann historischer Wandel zum direkten Gegenstand von transzendentalphilosophischen Untersuchungen werden?

Wenn ja - in welcher Weise soll dies geschehen? Wenn nein - wie können wir sicherstellen, daß zumindest indirekt die Historizität der Vernunft in der Transzendentalphilosophie zum Ausdruck gebracht werden kann?

Für das Apelsche Programm, so kann als ein Ergebnis unserer bisherigen Überlegungen zur Transzendentalpragmatik festgehalten werden, läßt sich "eine beträchtliche Verarmung des vernunftkritischen Programms"[70] konstatieren. Eine Verarmung, die nicht nur gekennzeichnet ist durch ein Defizit im Hinblick auf die Letztbegründungsargumentation (die selbst wiederum bereits eine Restriktion der transzendentalphilosophischen Fragestellung bedeutet), sondern eben insbesondere durch ein Ungenügen in bezug auf eine Erneuerung der Kantischen Transzendentalphilosophie, in bezug auf eine zu schaffende Transzendentalhermeneutik oder Transzendentalpragmatik.

Dieses Ungenügen gilt es näher zu erläutern. Denn selbst wenn es, wie wir gesehen haben, der Transzendentalpragmatik bei der Durchführung des Versuchs eine Letztbegründung zu vollbringen, daran mangelt, daß die Pragmatik tatsächlich eine relevante Rolle spielt - weder wird sie als Mittel verwendet, noch werden etwa die Kantischen Urteile in pragmatische Situationen transformiert -, so mag das Unternehmen von Apel und Kuhlmann im übrigen dennoch als ein vielversprechender Ansatz **für das Projekt einer Ausweitung der Transzendentalphilosophie** erscheinen. Die Akzentverschiebeung von einer vorher nur vage proklamierten "Transzendentalhermeneutik" in Richtung auf eine transzendentale Semiotik ließ die Erwartung zu, daß mit Hilfe der Pragmatik eine methodisch bereinigte Geschichtlichkeit sich in eine veränderte Transzendentalphilosophie integrieren lassen

---

70) Otfried Höffe: *Ist die transzendentale Vernunftkritik in der Sprachphilosophie aufgehoben? Eine programmatische Auseinandersetzung mit Ernst Tugenhat und Karl-Otto Apel*, in: Philosophisches Jahrbuch, 91. Jg., 1984, S. 250-272. loc.cit. S. 268.

sollte. Der hierbei erhoffte Gewinn mag vor allem deswegen vergeben worden sein, weil die Auseinandersetzung um die Letztbegründung zu sehr in den Vordergrund der Diskussion um die Transzendentalpragmatik geriet. Vielleicht also kann der Transzendentalpragmatik dennoch ein Fingerzeig für das weitere Vorgehen einer hermeneutischen Transzendentalphilosophie entnommen werden, wenn wir vom Letztbegründungsgedanken weitgehend absehen.

Ad (2)

Auch bei der Abkehr vom Kantischen Paradigma und bei der diese Abkehr motivierenden Öffnung der Transzendentalphilosophie im Hinblick auf das Projekt einer *»Kritik der historischen Vernunft«* weist, wie wir gesehen haben,[71] Apel den Sprachspielen eine entscheidende Aufgabe zu: Sie sollen "als Modell-Einheiten von Sprachgebrauch, Lebensform und Welterschließung"[72] dienen und damit gewissermaßen sowohl als »zeichen-pragmatische« wie auch als »hermeneutische Elemente« fungieren, so daß schließlich "die eigentliche, radikale Transformation der Transzendentalphilosophie [...] in der **semiotisch-hermeneutischen** Richtung"[73] auf den Weg gebracht werden kann. Wenn wir den Anspruch ernst nehmen, daß mit dieser "semiotisch-hermeneutischen Richtung" zugleich auch eine historische Vernunftkritik ins Auge gefaßt wird, dann haben wir uns den hierzu er-

---

71) Siehe oben, S. 99.

72) K.-O. Apel, *Transformation der Philosophie*, Bd. 1, a.a.O., S. 364. Vgl. dagegen ebenda, S. 321, wo das Sprachspiel "vorläufig definiert" wird "als eine als »Lebensform« funktionierende Einheit von Sprachgebrauch, leibhaftem Ausdruck, Verhaltenspraxis und Welterschließung". Hier wird nahegelegt, es ließen die Sprachspiele ein **unmittelbares** Erfassen, zum Beispiel des leibhaften Ausdrucks, zu. Einem solchen Verständnis liegt aber der Fehler zugrunde, daß zwischen der Darstellung (den Sprachspielen) und dem Dargestellten (dem Sprachgebrauch, leibhaften Ausdruck, etc.) nicht mehr unterschieden wird. Auf diese nicht zu haltende Lesart der Sprachspiele wird im folgenden nicht weiter eingegangen werden.

73) K.-O. Apel, *Transformation der Philosophie*, Bd. 1, a.a.O., S. 60 Anm. (Nr. 90), (Hervorhebung im Original).

forderten Zugang zur »geschichtlichen Welt« wohl so vorzustellen, daß diese »Welt« mit den Sprachspielen in Form von »historischen Modell-Bausteinen« repräsentiert wird.

Ehe wir die Applikationsmöglichkeiten der Sprachspiele im Rahmen der Transzendentalphilosophie erörtern, seien zwei Bemerkungen vorausgeschickt, die sich mit den jeweiligen **Folgen der Sprachspiel-Konzeption für die Hermeneutik und die Pragmatik** befassen.

Zunächst lassen sich die als quasi-hermeneutische Elemente verstandenen Sprachspiele vor dem Hintergrund der der Hermeneutik eigenen Problematik auszeichnen: Sie sollen dazu beitragen, den **latenten Psychologismus** der »klassischen« philosophischen Hermeneutik Schleiermachers und Diltheys zu vermeiden (allerdings unter der, auch von Apel[74] gesehenen, Gefahr, den Psychologismus durch den nicht weniger umstrittenen Behaviourismus zu ersetzen). Diese Überlegungen, die in der Frage münden, inwiefern die genuin hermeneutische Verstehensproblematik in der Sprachspiel-Konzeption aufgehoben werden kann, sollen hier nicht weiter verfolgt werden, da sie im Kontext einer transzendentalphilosophischen Hermeneutik stehen, deren Aussichten auf eine erfolgreiche Realisierung - im Unterschied zu denen einer hermeneutischen Transzendentalphilosophie - als äußerst gering eingeschätzt werden müssen.[75]

Etwas ausführlicher haben wir uns allerdings der Pragmatik zuzuwenden. Vor deren Hintergrund lassen sich die Sprachspiele in zweifacher Weise auszeichnen; und zwar sowohl gegenüber dem von Charles Sanders Peirce geprägten Verständnis des Pragmatismus als auch im Hinblick auf die Methode der Pragmatik im allgemeinen.

Die durch die pragmatische Sprachbetrachtung hervorgebrachte Neuerung besteht zunächst darin, daß sie auf eine dritte Relation aufmerk-

74) Siehe K.-O. Apel, *Transformation der Philosophie*, Bd. 1, a.a.O., S. 364ff.

75) Vgl. oben, S. 39-57.

sam macht, in der die (Sprach-)Zeichen betrachtet werden können: Während die Syntax die (formale) Beziehung der Zeichen untereinander beachtet, und während die Semantik die Relation zwischen den Zeichen und den von ihnen bezeichneten Objekten (den sogenannten Designaten) untersucht, richtet sich die Aufmerksamkeit der Pragmatik auf die Beziehung zwischen den Zeichen und den Zeicheninterpreten; die Pragmatik betont also **den sozialen Aspekt** der Zeichenverwendung. Von dieser Neuerung unberührt blieb anfangs jedoch, daß einem bestimmten »Zeichenprozeß« besonderes Interesse entgegengebracht wurde. Der Peircesche Pragmatismus orientierte sich nämlich noch insofern an der deskriptiven Sprachfunktion als er sich "nicht mit »dem Praktischen« und noch weniger mit den verschiedenen Arten von »Praxis« [befaßte; Th.G.], sondern mit der Art und Weise, in der **Erkenntnis** [...] mit der menschlichen Handlung und dem menschlichen Verhalten [...] verbunden ist."[76] Im Unterschied zu dieser ersten, neuen Ausrichtung der Pragmatik tritt an den Sprachspielen besonders deutlich hervor, daß die Pragmatik inzwischen jenen - auch der modernen Hermeneutik eigenen - Ansatz verfolgt, der durch den Versuch einer Überwindung der »Logik« des Urteils oder des prädikativen Aussagesatzes charakterisierbar ist. Die Hermeneutik (insbesondere Heideggers) und die Sprachspiel-Pragmatik Wittgensteins konvergieren somit, worauf Apel überzeugend hingewiesen hat, in "einer Infragestellung der gegenstandstheoretischen Ontologie"[77] - jedoch scheint mir **der Grund** dafür weniger darin zu liegen, daß beide, wie Apel durch seine Darstellung vermuten läßt, um "die Herausarbeitung der lebenspraktischen Funktionszusammenhänge"[78] bemüht sind, als viel-

---

76) Charles W. Morris, *Die pragmatische Bewegung in der amerikanischen Philosophie*, in: ders., *Pragmatische Semiotik und Handlungstheorie*, mit einer Einleitung hrsg. von Achim Eschbach, Frankfurt/M. (Suhrkamp stw 179) 1977, S. 193-345, loc.cit. S. 199 (Hervorhebung Th.G.).

77) K.-O. Apel, *Transformation der Philosophie*, Bd. 1, a.a.O., S. 267.

78) Ebenda.

mehr darin, daß beide dem gegenstandsbezogenen Sprechen, der apophantischen Rede nur eine neben- oder gar bloß untergeordnete Rolle zuschreiben.

Weitaus folgenreicher für Apels Entwurf einer Transzendentalpragmatik ist aber, daß von den Sprachspielen (gleichsam unter der Hand) eine tendenzielle Veränderung der pragmatischen Methode ausgeht. Während - wie der Name "Semiotik" ja bereits andeudet - die pragmatische Semiotik bis Charles W. Morris und Rudolf Carnap bei ihren Untersuchungen von den Zeichen und der Sprache[79] **ausgeht** (um diese dann nicht nur unter syntaktischen und semantischen Gesichtspunkten zu betrachten, sondern eben (auch) unter pragmatischen, damit die Zeicheninterpreten und deren Verhalten mit der semiotischen Theorie erfaßt werden können), neigt Wittgenstein bei der Analyse der Sprachspiele dazu, dieses Vorgehen außer Kraft zu setzen, ja, es bisweilen sogar umzukehren und **der Praxis selbst** den methodischen Primat zu verleihen.[80] (In *Über Gewißheit* fordert er sich beispielsweise dazu

79) Während R. Carnap die Semiotik "mit ausschließlichem Bezug auf die Sprache" versteht, soll Charles Morris' Begriff der Pragmatik "auch für nicht-sprachliche Zeichen gelten".
(Hans Julius Schneider, *Pragmatik*, in: Historisches Wörterbuch der Philosophie, hrsg. von J. Ritter und K. Gründer, Bd. 7, Darmstadt (Wissenschaftliche Buchgesellschaft) und Basel (Schwabe) 1989, Sp. 1234-1241, loc.cit. Sp. 1235).

80) Mit dieser Bemerkung soll selbstverständlich nicht bestritten werden, daß Wittgensteins Interesse vornehmlich auf die Sprache gerichtet ist. Auch wenn er das Vorgehen umkehrt, so ist es ihm doch primär um die Sprache zu tun. Dennoch fällt auf, daß seine Sprachanalyse in den seltensten Fällen die (pragmatische) Analyse eines »Zeichenprozesses« ist. Vielmehr sind es, soweit ich sehen kann, drei »methodische« Strategien die Wittgenstein verfolgt:
a) Bisweilen ist es **ein** Wort, das - kontextualistisch - in verschiedene »Zeichenprozesse« (gleichsam probeweise) eingesetzt wird. (Für die Pragmatik ist hierbei bedeutsam, daß sich Wittgensteins Kontextualismus zwar erheblich von Freges Kontextualismus unterscheidet, indem er die nicht-sprachlichen Handlungen in den »Kontext« mit einbezieht, daß aber zugleich diese Handlungen von den Sprechhandlungen nicht nur methodisch nicht getrennt werden; sie sind gewissermaßen eins).

auf: "[...] und schreib getrost / »Im Anfang war die Tat«"[81] - als befolgte er Diltheys Forderung: "Man muß vom Leben ausgehen."[82])

Wittgenstein geht es nicht um den **strukturellen** Zusammenhang von Zeichen und Zeicheninterpreten, er fragt nicht eigens nach der **Relation**, die zwischen unseren Äußerungen und unserem Handeln oder Verhalten besteht. Stattdessen befaßt er sich mit der Frage danach, **welche Handlungsweisen** unsere Worte begleiten,[83] und diese Frage scheint vor allem dadurch motiviert zu sein, daß er **aus den Handlungen** etwas über die Funktionsweise oder über den »Bau« unserer Sprache in Erfahrung bringen möchte. Wittgenstein verändert also insofern das Vorgehen der Pramatik, als bei ihm das Handeln einen anderen (methodischen) Status erhält: Er erfindet verschiedene Handlungsszenarien, weil die Sprache, weil unsere Rede erst "durch unsre [...] Handlungen ihren Sinn"[84] erhält.

---

b) Manchesmal wird ein »Zeichenprozeß« durch zahlreiche Änderungen in verschiedenen Nuancen zugleich mit den ihn (wie bei a)) begleitenden Handlungen variiert, um mit dieser Mannigfaltigkeit einander ähnlicher Sprachspiele radikal mit der Idee zu "brechen, die Sprache funktioniere immer auf **eine** Weise" (*Philosophische Untersuchungen*, a.a.O., S. 160, § 340, Hervorhebung im Original).

c) Oftmals aber werden diese sich unablässig variierenden »Zeichenprozesse« auch auf »**ein**« uns vertrautes Handeln, auf »**eine**« Praxis bezogen, so daß man vermuten könnte, mit diesen Variationen werde die Absicht verfolgt, einen »Verfremdungseffekt« (wie Brecht mit seiner epischen Form des Theaters) **für unsere Sprache** zu erzielen. Wittgenstein läßt uns in seiner Spätphilosophie häufig unsere Sprache - so als kämen wir "als Forscher in ein unbekanntes Land" (*Philosophische Untersuchungen*, a.a.O., S. 129, § 206) - als fremd erscheinen. Es ist dann die »**eine**« "gemeinsame menschliche Handlungsweise [...] das Bezugssystem, mittels dessen wir" die für uns fremd **gemachte** Sprache deuten (ebenda).

81) L. Wittgenstein, *Über Gewißheit*, a.a.O., S. 104 (§ 402).

82) *Briefwechsel zwischen Wilhelm Dilthey und dem Grafen Paul Yorck von Wartenburg (1877 - 1897)*, hrsg. von S. von Schulenburg, Halle a.d. Saale (Niemeyer) 1923, S. 247.

83) Siehe L. Wittgenstein, *Philosophische Untersuchungen*, a.a.O., S. 216 (§ 489).

84) L. Wittgenstein, *Über Gewißheit*, a.a.O., S. 63 (§ 229).

Soll nun die hermeneutische Ausweitung der Transzendentalphilosophie durch eine Orientierung an der (Zeichen-)Pragmatik erreicht werden, so müssen wir drei verschieden Möglichkeiten unterscheiden:

(i) Man könnte an die Kantische Transzendentalphilosophie anknüpfen und diese so verstehen und interpretieren, als habe Kant (in der *Kritik der reinen Vernunft*) bereits eine transzendentale Semantik[85] unserer Erkenntnis- und Erfahrungsurteile vorgelegt. Während Kant dort jedoch - folgen wir dieser Interpretation - ausschließlich die semantischen Bedingungen für die Möglichkeit der Geltung jenes Urteils- oder Satztypus gewonnen hat, würde eine transzendentale Pragmatik darüberhinausgehend (auch) die pragmatischen Bedingungen für diese Art von Urteilen angeben müssen.

(ii) Man könnte aber auch versuchen, Kant so zu lesen, daß er bereits als ein Wegbereiter dafür erscheint, die einseitige Fixierung auf den prädikativen Aussagesatz aufzugeben. Demgemäß würden wir in seinen drei »*Kritiken*« die Ausarbeitung einer transzendentalen Semantik verschiedener Satztypen sehen (neben den deskriptiven Sätzen hätte Kant bei dieser Sichtweise auch die semantischen Bedingungen von normativen wie auch von ästhetischen und teleologischen Sätzen untersucht). Im Anschluß daran hätte eine transzendentale Pragmatik dann die Aufgabe, für diese Urteilsarten (und für mögliche weitere, die Kant noch nicht berücksichtigt hat) die pragmatischen Geltungsbedingungen herauszuarbeiten.

(iii) Im Unterschied zu den ersten beiden Möglichkeiten könnte man aber auch der Auffassung sein, daß sich die Transzendentalpragmatik in unnötiger Weise beschränkt, wenn sie Urteilsarten oder Satztypen zu ihrem - sei es mittelbaren oder unmittelbaren - Untersuchungsgegenstand macht. Zum Plädoyer für eine »radikale Transformation« der

85) Siehe hierzu: Wolfram Hogrebe, *Kant und das Problem einer transzendentalen Semantik*, Freiburg und München (Alber) 1974.

Transzendentalphilosophie in dieser dritten Bedeutung (die zwar noch »pragmatisch«, aber eigentlich nicht mehr »semiotisch« genannt werden kann) mag vielleicht die Überlegung geführt haben, daß eine transzendentale Semiotik - selbst in ihrem weitesten Sinne[86] - sich doch immer nur an den "toten"[87] Zeichen orientieren würde. Und diese Zeichen könnten nur mit Hilfe einer »wissenschaftlichen Theorie« (eben der pragmatischen Semiotik) "den lebenden Atem"[88] erhalten und so erst an unser Handeln, an unsere »Lebenswelt« angebunden werden. Man würde hierbei also jenen Interpretationen folgen, die sich eine Hauptrichtung der »Lebensphilosophie« zu eigen gemacht hat, und auch in der Transzendentalphilosophie danach streben, "das »Leben« selbst in den Blick [zu, Th.G.] bringen, und zwar das Leben als eigentlichen Unter- und Hintergrund",[89] auf dem all unser Handeln und Sprechen immer schon bezogen ist. Die "unbegrenzt vielen, verschiedenen Sprachspiele [...] als »gegebene« (Ur-)Tatsachen",[90] so mag man hoffen, sollen jene schon seit langem verlorene Unmittelbarkeit des philosophischen Weltbezugs wieder herstellen.

Wenn wir uns also bei dem Versuch, die Transzendentalphilosophie auszuweiten, auf die Pragmatik stützen wollen und dabei beabsichtigen

---

86) Wie sie etwa von Gerhard Schönrich verstanden wird.
Folgt mann dessen Ausführungen in *Kategorien und transzendentale Argumentation. Kant und die Idee einer transzendentalen Semiotik*, (Frankfurt/M. [Suhrkamp] 1981), so zielt das Programm einer transzendentalen Semiotik "auf eine **Theorie** der **Bedingungen** der **Möglichkeit** der **Zeichenverwendung** überhaupt." (S. 19, Hervorhebung im Original).

87) Siehe L. Wittgenstein, *Philosophische Untersuchungen*, a.a.O., S. 201 (§ 432).

88) Ebenda.

89) Rudolf Zocher, *Philosophie in Begegnung mit Religion und Wissenschaft*, München und Basel (Reinhardt) 1955, S. 53.
Zocher gibt dort eine kurze Darstellung der »Lebensphilosophie«. In der anderen der beiden von ihm unterschiedenen Hauptrichtungen der »Lebensphilosophie« soll gar "das irrationale, dem Intellekt unzugängliche »Leben selbst« - philosophieren." (S. 54).

90) K.-O. Apel, *Transformation der Philosophie*, Bd. 2, a.a.O., S. 255.

(wie Apel es vorschlägt), die dritte Möglichkeit aufzugreifen, indem wir insbesondere die Wittgenstein-Pragmatik der Sprachspiele verwenden, dann müssen wir uns bewußt sein, daß wir damit weder eine geltungs-»theoretische« Rekonstruktion der mit unseren prädikativen Erkenntnissätzen verbundenen Praxis unternehmen, noch eine solche Rekonstruktion desjenigen Handelns oder Verhaltens, das andere Satztypen oder Äußerungsarten (als Erkenntnissätze) begleitet.

Vielmehr scheinen die Sprachspiele - sofern es tatsächlich gelingt, sie in die Transzendentalphilosophie zu integrieren - ein besonders geeignetes Instrumentarium für die seit den Anfängen der Philosophie gesuchte Vermittlung von Lebenswelt und Metaphysik[91] zu sein, weil sie es erlauben, die vielfältigen Sprach-Handlungs-Situationen der Lebenswelt - mehr oder weniger direkt[92] - zu erfassen. Man bräuchte dann nicht mehr erst nach der Einheit von Sprechen und Handeln zu **suchen** und diese Einheit mit einem nicht unerheblichen methodischen Aufwand zu **rekonstruieren** (was dem sogenannten »common sense«, dem dieser Vermittlungsversuch ja Rechnung tragen möchte, wohl ohnehin merkwürdig erscheinen würde), sondern man könnte die Geltungsreflexion sogleich an die (in den Sprachspielen in nuce wiedergegebene) »Totalität des Lebens« anbinden. Oder, etwas nüchterner (mit einem bereits zitierten Diktum Herbert Schnädelbachs) formuliert: Mit Hilfe der Sprachspiele sollte es endlich gelingen, "dem Verhältnis zwischen dem Daß und dem Was der Rationalitätspräsupposition wirklich gerecht"[93] zu werden.

Wollen wir die hermeneutische Transzendentalphilosophie realisieren, indem wir die Sprachspiele "als Modell-Einheiten von Sprachge-

91) Vgl. oben S. 32ff.

92) Vgl. nochmals die beiden verschiedenen »Definitionen«, die K.-O. Apel für die Sprachspiele gibt. (*Transformation der Philosophie*, Bd. 1, a.a.O., S. 321 und S. 364).

93) H. Schnädelbach, *Über Rationalität und Begründung*, a.a.O., S. 73.

brauch, Lebensform und Welterschließung" zum transzendentalphilosophischen Untersuchungsgegenstand erheben, so stellt sich zuallererst die Frage, inwiefern die Sprachspiele überhaupt **Modelle** für Sprachgebrauch und Lebensform sind oder sein können, und zwar Modelle, mit denen insbesondere in der Transzendentalphilosophie operiert werden kann.

Ehe wir allerdings diese, den Modell-Charakter der Sprachspiele betreffende Frage beantworten können, müssen wir uns erst einmal Klarheit darüber verschaffen, was man im allgemeinen unter einem Modell versteht. Hierzu sind spezifische Überlegungen aus der Wissenschaftstheorie einschlägig,[94] die sich allerdings in den Rahmen dieser Arbeit nicht recht einfügen lassen. Glücklicherweise kann jedoch eine allgemeine Erörterung des Modell-Begriffs auch in einer Terminologie entwickelt und skizziert werden, die den hier verfolgten transzendentalphilosophischen Absichten angemessen ist.

Modelle sind immer Modelle **von »etwas«**. Und weil jenes »etwas« durch die Modelle **dargestellt** werden soll, lassen sie sich zunächst ganz generell funktional bestimmen: Modelle dienen der Darstellung von »etwas«. (Wie durch alle Darstellungen, so soll uns auch durch modellhafte Darstellungen - kantisch gesprochen - »etwas gegeben« werden). Da wir nun aber, wie aus dem bisher Gesagten ja auch zu entnehmen ist, neben der Verwendung von Modellen noch andere Möglichkeiten der Darstellung haben (wir können zum Beispiel etwas beschreiben oder - abermals kantisch - etwas durch Ostension "unmit-

94) Siehe hierzu: Herbert Stachowiak, *Modell*, in: Helmut Seiffert und Gerard Radnitzky (Hrsg.), *Handlexikon zur Wissenschaftstheorie*, München (Ehrenwirth) 1989, S. 219-222.
Sowie G. Kreisel, *Modell* und *Modelltheorie*, in: Josef Speck (Hrsg.), *Handbuch wissenschaftstheoretischer Begriffe*, Bd. 2, Göttingen (Vandenhoeck und Ruprecht UTB 967) 1980, S. 437-443.

telbar in der Anschauung darstellen",[95] also (auf) etwas zeigen), bleibt der Modell-Begriff insofern noch sehr unzureichend bestimmt.

Eine nähere Bestimmung des Modell-Begriffs wird man allerdings nicht dadurch erhalten, indem man (exemplarisch) Modelle »betrachtet«, denn man kann es den Modellen selbst nicht »ansehen«, inwiefern sie sich von anderen Arten der Darstellung unterscheiden. Dies gilt sogar von sogenannten »Realmodellen«: Durch bloßen Augenschein läßt sich nicht unterscheiden, ob ein Gegenstand (etwa ein kleines Automobil) als Modell oder als Spielzeug konzipiert worden ist. Und ebensowenig lassen sich **sprachliche Modelldarstellungen** (auf die wir uns im folgenden konzentrieren möchten) **allein der sprachlichen Form nach von »unmittelbaren« Beschreibungen unterscheiden**. Da sich die Modelle somit weder über ihre Form noch über das von ihnen Darzustellende auszeichnen lassen, scheint es angebracht, daß wir uns zur weiteren Klärung des Modell-Begriffs der Frage nach der **Relation** zuwenden, die zwischen dem Modell und dem, was es darstellen soll, besteht.

Normalerweise erwarten wir von Modellen, daß sie "uns den Umgang mit komplizierten und komplexen Sachverhalten aus Natur, Technik oder Lebenswelt erleichtern, indem sie entweder diese in übersichtlicher und vereinfachter Form darstellen oder zumindest eine anschauliche Vorstellung vermitteln".[96]

Daraus wird zweierlei deutlich: Zum einen verfügen wir schon **vor** der Bildung eines Modells über einen **Begriff** oder eine **Beschreibung** von jenem »etwas«, das durch das Modell dargestellt werden soll,

---

95) Kant, *KrV*, A 156 / B 195.

96) Rudolf Kötter, *Modell und ökonomische Realität. Die Relevanz der Gleichgewichtstheorie als Grundlage der ordnungs- und wirtschaftspolitischen Diskussion*, in: Erich Hödl und Gernot Müller (Hrsg.), *Die Neoklassik und ihre Kritik. Diskussionsband zu »Ökonomie und Gesellschaft«*, Jahrbuch 1, Frankfurt/M. und New York (Campus) 1986, S. 41-59, loc.cit. S. 43.

denn dieses »etwas« ist uns bereits ein **Sachverhalt**. Zum anderen haben Modelle Utilitätserwägungen zu folgen (das heißt sie müssen gewissen Anforderungen genügen, wie etwa denen der Übersichtlichkeit und Einfachheit).

Es findet also, so darf gefolgert werden, ein **Übergang** von einer Beschreibung (oder von einem Begriff) zu einem Modell statt; ferner wird dieser Übergang von praktischen (vorgängigen) Zwecksetzungen beeinflußt (oder vielleicht gar bestimmt) und ist somit (auch) **externen Bedingungen** unterworfen.

Eine Deutung von Modellen im Sinne eines erkenntnistheoretischen Realismus muß daher ausgeschlossen werden. Denn selbst wer einen Begriffs-Realismus vertreten würde, wer also meinen würde, daß durch unsere begriffliche Erkenntnis die »realen Strukturen« der Welt »abgebildet« würden, der müßte einräumen, daß sich Modelle nur **vermittelt** auf diese »realen Strukturen« beziehen, und daß, - dies ist hier das Entscheidende - die Art und Weise, in der sich Modelle auf das Vermittelnde (die Beschreibungen oder Begriffe) beziehen, von praktischen Überlegungen (jedenfalls mit-)bestimmt wird.

Für die Frage nach der Relation zwischen dem Modell und dem von ihm Darzustellenden (sei es ein »Gegenstand« im engeren Sinn oder ein »Vorgang«) können wir vorläufig als zusammenfassende Antwort festhalten: Durch Modelle wird uns ein »Gegenstand« (oder ein »Vorgang«) nur **mittelbar** gegeben, das heißt, Modelle sind (lediglich) Darstellungen »höherer Ordnung«, sie sind **Darstellungen von Begriffen oder von Beschreibungen**.

Damit wissen wir jedoch noch nichts darüber, **wie** man von Beschreibungen oder von Begriffen zu Modellen gelangt, **wie** der Übergang von ersteren zu letzteren vollzogen werden kann. Und darüberhinaus ist eigentlich noch nichteinmal recht einzusehen, wozu man Modelle überhaupt **benötigt**, wenn man doch schon über eine Beschreibung des betreffenden Sachverhalts oder über einen Begriff von ihm verfügt. Wertvolle Hinweise zur Lösung dieser beiden Fragen können wir der theoretischen Philosophie Kants entnehmen,[97] obgleich bei Kant das Wort "Modell" "nicht zum Rang eines Terminus gelangt"[98] ist.

Beschreibungen (im engeren Sinn) beziehen sich in erster Linie und zunächsteinmal auf singuläre Sachverhalte. Singuläre Sachverhalte sind (oder waren) sinnlich präsent; daher lassen (oder ließen) sie sich auch immer - sei es optisch oder akustisch - "unmittelbar in der Anschauung darstellen",[99] also zeigen. Nun muß man aber, um einen singulären Sachverhalt beschreiben (also sprachlich darstellen) zu können, stets Begriffe (also generelle Terme) verwenden (denn die Sinne verfügen über keine Sprache, und Eigennamen sowie deiktische Ausdrücke beschreiben nichts). (Die sprachlich-begriffliche Darstellung eines in der Anschauung gegebenen singulären Sachverhalts dient dabei nicht nur der Mitteilung, sondern ist für den Wahrnehmenden selbst unabdingbar. Es ist nämlich, wie Kant sagt, "notwendig, [...] seine Anschauungen sich verständlich zu machen (d.i. sie unter Begriffe zu bringen)".[100]) Ein Begriff aber ist "seiner Form nach jederzeit etwas Allgemeines, und was zur Regel dient".[101] Etwas Allgemei-

---

97) Roland Müller, *Zur Geschichte des Modelldenkens und Modellbegriffs*, in: H. Stachowiak (Hrsg.), *Modelle - Konstruktionen der Wirklichkeit*, München (Fink) 1983, S. 17-86, belegt, daß der Modell-Begriff durchaus bereits in der für Kant vertrauten Tradition der deutschen Schulphilosophie Verwendung findet, und zwar bei Christian Wolff (siehe Müller, S. 23 und S. 28); vorher schon bei Leibniz (S. 27).

98) Friedrich Kaulbach, *Schema, Bild und Modell nach den Voraussetzungen des kantischen Denkens*, in: Studium Generale, 18. Jg. (1965), Heft 7, S. 464-479, loc.cit. S. 464.
Kaulbachs Orientierung am "Schematismus-Kapitel" der *Kritik der reinen Vernunft* wollen wir nicht folgen, da sich hier allzu leicht eine Fixierung auf das »Bild« ergibt, so daß am Ende zwischen Modell und Symbol nicht mehr unterschieden wird (vgl. ebenda, S. 477).

99) Kant, *KrV*, A 156 / B 195.

100) Ebenda, A 51 / B 75.

101) Ebenda, A 106.

nes ist ein Begriff nicht nur, weil er allen kompetenten Sprachteilnehmern gemein ist; insofern werden Beschreibungen (im engeren Sinn) unabhängig davon gemacht, ob der singuläre Sachverhalt zugleich auch hier und jetzt »unmittelbar in der Anschauung« dargestellt werden kann: Mit Hilfe von Begriffen können wir uns sozusagen räumlich und zeitlich von unserer sinnlichen Anschauung »lösen«, so daß ein (irgendwo und irgendwann vorliegender) singulärer Sachverhalt auch beschrieben werden kann, ohne daß er aktual präsent ist. Etwas Allgemeines ist ein Begriff vielmehr auch, weil mehrere singuläre Sachverhalte »unter ihn fallen« können, weil also mit ihm allgemeine Sachverhalte zum Ausdruck gebracht werden können; insofern werden Beschreibungen (im weiteren Sinn) zu »bloß begrifflichen« Beschreibungen, die generelle Sachverhalte »beschreiben«, und zwar unabhängig davon, ob es überhaupt singuläre Sachverhalte (oder »Ereignisse«) gibt, mit denen diese generellen Sachverhalte (empirisch) belegt werden (können). Denn um eine Sachverhaltsbeschreibung (im weiteren Sinn) korrekt formulieren zu können, müssen zunächst nur formale Kriterien erfüllt werden: Die betreffende Beschreibung muß mit unseren übrigen Beschreibungen kohärent (zu machen) sein, das heißt es muß eine "Zusammenstimmung"[102] aller Begriffe gewährleistet sein. Diese formalen Kriterien können als theoretische Bedingungen explizit genannt werden, und man erhält dann ein formales Schema, dem alle generellen Sachverhaltsbeschreibungen (zumindest aus bestimmten Bereichen) genügen sollen. (In der Physik werden beispielsweise solche Schemata als »Axiome« oder »Grundgesetze« einer Theorie eingeführt. Sie geben die mathematische Form an, die die zur Beschreibung und Erklärung verwendeten mathematischen Ausdrücke haben müssen, um als zur Theorie gehörig angesehen werden zu können. Der Mathematiker spricht von solchen Schemata als »Strukturen«, und man kann deshalb sagen, daß jedes einer bestimmten Theorie zugehörige empirische

102) Siehe Kant, *Logik*, AA IX, S. 51.

Gesetz (das ist jede generelle Sachverhaltsbeschreibung einer Theorie) die entsprechenden Sätze der Theorie »belegt«[103]). Soll nun aber eine solche, formal korrekt gebildete Beschreibung nicht "leer"[104] bleiben, dann muß den hierbei benützten Begriffen "eine correspondirende Anschauung zur Seite"[105] gestellt werden können. Für inhaltlich korrekte Aussagen ist es also auch »notwendig«, die "Begriffe sinnlich zu machen, (d.i. ihnen den Gegenstand [oder Vorgang, Th.G.] in der Anschauung beizufügen)".[106]

Nun kann es jedoch durchaus der Fall sein, daß man eine »bloß begriffliche« Beschreibung gebildet hat, bei der es der bestimmenden Urteilskraft (sie ist nach Kant die hierfür zuständige »Instanz«) nicht gelingt, eine "correspondirende Anschauung" herbeizuschaffen. Und auch im umgekehrten Fall können Schwierigkeiten auftreten - wenngleich es allerdings nicht denkbar ist, daß man durch seine Sinne eine Anschauung erhält, bei der es der reflektierenden Urteilskraft (sie ist in diesem Fall zuständig) überhaupt nicht gelingt, die Anschauung unter (irgendwelche) Begriffe zu bringen (denn alles, was uns durch die Sinnlichkeit »gegeben« wird, läßt sich auch »in irgendeiner Weise« beschreiben). Die Schwierigkeiten entstehen in diesem Fall vielmehr dadurch, daß die aus der Anschauung für die Beschreibung eines singulären Sachverhalts gewonnene Begrifflichkeit bisweilen bestimmten

103) Hierzu: G. Kreisel, *Modell*, a.a.O., bes. S. 439.

104) Siehe Kant, *KrV*, A 51 / B 75. Vgl. auch *KrV* A 62 / B 87 und A 719 / B 747, sowie *Prolegomena*, AA IV, S. 288.
Eine schöne Formulierung findet sich hierzu bei Wilhelm von Humboldt, *Plan einer vergleichenden Anthropologie*, in: ders., Werke in fünf Bänden, Bd. 1, hrsg. von A. Flitner und K. Giel, Darmstadt (Wissenschaftliche Buchgesellschaft) [3]1980, S. 337-375: "Man kann nichts durch den Verstand begreifen, was nicht auf irgend eine Weise in dem Gebiet der Sinne und der Empfindung angespielt ist" (S. 348).

105) Siehe Kant, *KdU*, AA V, S. 192.

106) Kant, *KrV*, A 51 / B 75.
Vgl. auch *Metaphysische Anfangsgründe der Naturwissenschaft*, AA IV, S. 470.

Anforderungen nicht genügt. (Die Beschreibung könnte möglicherweise unseren Vorstellungen von wissenschaftlicher Exaktheit zuwiderlaufen, indem sie beispielsweise keine Metrisierung zuläßt. So zeigt Kant im Phoronomie-Kapitel seiner 1786 erschienenen Schrift *Metaphysische Anfangsgründe der Naturwissenschaft*,[107] wie schwierig es ist, "die Intensität der Bewegtheit durch einen quantitativen Begriff zu denken".[108] Für die Phoronomie - sie ist "die reine Größenlehre [...] der Bewegungen"[109] - muß die Begrifflichkeit mit der wir über Bewegungen reden wollen, Zusammensetzungsoperationen zulassen. Und hierfür werden extensive Größen benötigt - **nicht jede** Beschreibung aber stellt uns extensive Größen zur Verfügung. Es kann also durchaus geschehen, daß wir, salopp formuliert, mit der »anschaulichen« Beschreibung nichts weiter anfangen können, indem sie beispielsweise einen wissenschaftlichen Zugang zum Sachverhalt verhindert oder die technische Handhabung erschwert).

In beiden Fällen können uns Modelle über den jeweiligen Mißstand hinweghelfen: Modelle verhelfen der bestimmenden Urteilskraft zu Anschauungen und der reflektierenden Urteilskraft zu zusätzlichen (über die im engeren Sinn beschreibenden Begriffe hinausgehenden) Begriffen (mit denen wir gewissermaßen die »ursprüngliche«, durch die Anschauung kontrollierbare Beschreibung in zweckdienlicher Weise abändern können). Aus dem komplizierten Wechselspiel zwischen Anschauung und Begriff ergeben sich somit verschiedene Aufgaben für Modelle (und - den jeweiligen Aufgaben entsprechend - unterschiedliche »Verfahren« zu ihrer Herstellung).

---

107) In: AA IV, S. 465-565.
Das Phoronomie-Kapitel erstreckt sich von S. 480-495.

108) Gernot Böhme, *Kants Begriff der Materie in seiner Schrift »Metaphysische Anfangsgründe der Naturwissenschaft«*, in: ders., *Philosophieren mit Kant. Zur Rekonstruktion der Kantischen Erkenntnis- und Wissenschaftstheorie*, Frankfurt/M. (Suhrkamp stw 642) 1986, S. 173-196, loc.cit. S. 181.

109) Kant, *Metaphysische Anfangsgründe der Naturwissenschaft*, AA IV, S. 489.

(i) Im ersten Fall - dem methodisch strengsten - werden die Modelle (als Darstellungen von Darstellungen) mit den sprachlichen Mitteln der Abstraktion[110] und / oder der Idealisierung erzeugt. Bei der Modellbildung geht man hier von einer Anschauung, beziehungsweise genauer: von einer konkreten Beschreibung aus. Da dieser Beschreibung tatsächlich eine "correspondirende" Anschauung zur Seite gestellt werden kann, verfügt man bereits über einen »wirklichen« Sachverhalt, also über eine Tatsache. Mit dem Übergang von der konkreten zur abstrakten Redeweise wird eine Äquivalenzrelation zwischen Beschreibungen festgelegt: verschiedene Beschreibungen sollen den gleichen Sachverhalt darstellen, dessen sprachlicher Ausdruck dann »Modell« genannt werden kann.[111] In diesem Sinne ist folglich zum Beispiel jedes Naturgesetz der Physik ein derartiges Modell, welches von den beobachtbaren und meßbaren Phänomenen nur **bestimmte Aspekte** berücksichtigt. Das heißt: Bei der Modellbildung werden "**nicht alle** Attribute"[112] oder Eigenschaften erfaßt, die (begrifflich) am »realen«, in der Anschauung gegebenen Untersuchungsgegenstand unterschieden werden können. Da man somit eine "verkürzte"[113] oder »idealisierte«

110) Für Kant ist - ganz in dem hier verstandenen Sinne - die Abstraktion "eine Aufhebung gewisser klaren Vorstellungen, welche man gemeiniglich darum anstellt, damit dasjenige, was übrig ist, desto klärer vorgestellt werde." (*Versuch den Begriff der negativen Größen in die Weltweisheit einzuführen*, AA II, S. 165-204, loc.cit. S. 190).
Vgl. auch Kant, *Logik*, AA IX, S. 45.

111) Siehe hierzu: Wilhelm Kamlah und Paul Lorenzen, *Logische Propädeutik. Vorschule des vernünftigen Redens*, Mannheim u.a. (BI 227) ^{2}1973, vor allem Kapitel IV, § 2 und dort insbesondere S. 132.
Vgl. außerdem Christian Thiel, *Abstraktion*, in: H. Seiffert und G. Radnitzky (Hrsg.), *Handlexikon zur Wissenschaftstheorie*, a.a.O., S. 5-7.

112) H. Stachowiak, *Allgemeine Modelltheorie*, Wien und New York (Springer) 1973, S. 132 (Hervorhebung im Original).

113) H. Stachowiak unterscheidet ebenda drei "Hauptmerkmale" des allgemeinen Modellbegriffs; diese sind das hier aufgenommene "Verkürzungsmerkmal" sowie des weiteren das "Abbildungs-" und das "pragmatische Merkmal" (a.a.O., S. 131-133).

Darstellung der Ausgangsbeschreibung (und damit des für uns »wirklichen« Gegenstandes oder Vorganges) erhält, können diese Modelle "**Idealisierungsmodelle**"[114] genannt werden. Der Wert dieser Modelle ist ein zweifacher: Einmal wird durch sie die »Mannigfaltigkeit« der Eigenschaften der Dinge[115] oder Vorgänge überschaubarer und durchsichtiger gemacht. Des weiteren hat man die Möglichkeit, die Idealisierungsmodelle den jeweiligen Erfordernissen der fortschreitenden (Forschungs-)Praxis anzupassen, indem man genau angeben kann, was gegenüber der ursprünglichen, an der Anschauung orientierten Beschreibung verändert wurde,[116] und somit je nach Bedarf bestimmte zusätzliche oder weitergehende Idealisierungen vornehmen oder aber bereits vorgenommene Idealisierungen wieder zurücknehmen kann. Folgt man dem ersten Weg, wird ein neues, »abstrakteres« Modell mit geringerem »Realitätsgehalt« erzeugt, während beim umgekehrten Prozeß "von einem Modell mit höherem Realitätsgehalt"[117] gesprochen werden darf. Die Absicht, die Komplexität eines Sachverhalts zu reduzieren, läßt sich also bei den Idealisierungsmodellen über eine **kontrollierte Veränderung einer** - anschaulich überprüfbaren - **Beschreibung** erreichen.

---

114) Hierbei folge ich der Terminologie R. Kötters.
Siehe ders., *Modell und ökonomische Realität [...]*, a.a.O., besonders S. 43.

115) Aufschlußreich ist hierzu: Kant, *KrV*, A 662f. / B 690f.

116) Ein wissenschaftsgeschichtlich frühes Beispiel findet sich hierzu bei Galilei. In seinem *Dialog über die Weltsysteme* macht er (in der Rolle des Salviati) auf solche Idealisierungen aufmerksam: "Beachtet, daß ich von einer **vollkommen runden** Kugel und einer **ausgezeichnet glatten** Ebene gesprochen habe, um damit alle äußeren und zufälligen Hindernisse auszuschließen. Ebenso möchte ich denn auch, daß ihr von der Luft **abseht**, welche insofern ein Hindernis bildet, als sie dem Durchschneiden einen Widerstand entgegensetzt, [...]" (in: Galileo Galilei, *Siderius Nuncius (Nachricht von neuen Sternen)*, u.a., hrsg. und eingeleitet von Hans Blumenberg, Frankfurt/M. [Suhrkamp stw 337] 1980, S. 180). (Hervorhebung Th.G.).

117) R. Kötter, *Modell und ökonomische Realität. [...]*, a.a.O., S. 48.

(ii) Im Wechselspiel von Anschauung und Begriff kann es - in umgekehrter »Richtung« zu (i) - auch geschehen, daß es nicht gelingt, für eine (zunächst »bloß begriffliche«) Beschreibung eine sinnliche (oder empirische) Anschauung zu finden, die "correspondirend" zur Seite gestellt werden kann. Ein zweiter Typus von Modellen liegt also dann vor, wenn man (für das weitere Vorgehen) **unterstellt**, man habe eine solche Anschauung gefunden. In diesem Fall ist die »bloß begriffliche« Beschreibung nur noch die **Erfindung einer Beschreibung** (weil die dabei verwendeten Begriffe nicht mehr »sinnlich« gemacht werden können), wobei allerdings - in der Regel: experimentell - so gehandelt wird, **als ob** die erfundene »Beschreibung« eine tatsächliche Beschreibung der »Wirklichkeit« wäre: Insofern wird die sprachliche Darstellung des Sachverhalts **selbst zum Modell**. Auch ein derartiges Modell wird ausschließlich vermittelt mit der »Wirklichkeit« in Beziehung gesetzt - anders als in (i) erfolgt die Vermittlung aber nicht auf direkte Weise durch (methodisch) kontrollierbare Abstraktionsschritte sondern bloß noch indirekt über das (experimentelle) Handeln oder über die (experimentellen) Befunde; wobei einerseits die Befunde und das Handeln über die Sinnhaftigkeit des Modells Auskunft geben, andererseits aber die Befunde sich auch erst im Rahmen des Modells ergeben (wie auch das Handeln bereits in einem vom Modell vorgegebenen Rahmen erfolgt). Kurz: So lange man in der jeweiligen (Forschungs-)Praxis mit dem Modell zurechtkommt, so lange man mit Hilfe des Modells etwas »erklären« kann, hat es seine »Richtigkeit« (das heißt, ist es sinnvoll zu gebrauchen); wenn dies nicht mehr der Fall ist, muß eine neue »Beschreibung«, also ein neues Modell erfunden werden. Da es in der Regel im strengen Sinne theoretische Überlegungen sind, die zu solchen »bloß begrifflichen« Beschreibungen von Sachverhalten führen, und da diese »Beschreibungen« eben durch keine Anschauung mehr kontrolliert werden (sondern nur noch durch Experimente indirekt gestützt werden), können diese modellhaften Beschreibungen wesentlich verstanden werden als "Instrumente zur **probeweisen** Erschließung von Bereichen, für die akzeptierte Theorien noch nicht zur Verfügung stehen".[118] Diese Modelle, die nur an unsere bisherigen theoretischen Erkenntnise »anschließbar« sein müssen, bleiben deswegen auch **immer in einem »theoretischen« Zusammenhang eingebunden** und sind deswegen auch immer »theoriebeladen« oder gar »theoriegeleitet«.[119] (Daraus erklärt sich, daß Modelle einen wichtigen Beitrag für die Innovation von Theorien leisten[120]). Simplifiziert kann man sagen, daß bei diesen Modellen eine theoretisch »gesicherte« (weil idealiter durch Anschauung kontrollierte) Begrifflichkeit auf andere »Phänomene« (zu denen man allerdings keine entsprechenden Anschauungen aufweisen kann) übertragen wird, wobei der Übergang meistens durch **strukturelle Analogien** vollzogen wird. (Als Beispiel hierfür sei auf Darstellungen verwiesen, in denen »ökologische Phänomene« in Systemzusammenhängen »betrachtet« werden; dem liegt eine Übertragung von technischen Regelprozessen auf die Natur zugrunde). Ein solches Modell ist "eigentlich nur ein heuristischer und nicht ostensiver Begriff, und zeigt an, nicht wie ein Gegenstand [oder Vorgang; Th.G.] beschaffen ist, sondern wie wir, unter der Leitung desselben [des heuristischen Begriffs, das ist hier: des Modells; Th.G.]

---

118) Rüdiger Inhetveen, *Über den Sinn des Gebrauchs von Modellen*, in: Matthias Gatzemeier (Hrsg.), *Aachener Schriften zur Logik und Sprachphilosophie*, Bd. 2, (*Aspekte der Abstraktionstheorie*; Redaktion Klaus Prätor), Aachen (Rader) 1988, S. 10-18, loc.cit. S. 16 (Hervorhebung Th.G.).

119) Während die - vor allem von Willard v. O. Quine wie auch von Thomas Kuhn und Paul Feyerabend vorgebrachte - These von der »Theoriebeladenheit« unserer Beobachtungssprache wegen der Rolle der Anschauungen umstritten bleibt, ergibt sich die »Theoriebeladenheit« der Modelle bereits dadurch, daß sie explizit als theoretische Terme eingeführt werden.

120) Dies hat zur Konsequenz, daß - wie Oswald Schwemmer formuliert - "die Modelle sich »aufbrauchen«" (*Handlung und Struktur. Zur Wissenschaftstheorie der Kulturwissenschaften*, Frankfurt/M. [Suhrkamp stw 669] 1987, S. 104). Es lassen nämlich die empirischen Ergebnisse in der Fortentwicklung der Theorie "schließlich überhaupt keine Interpretation im Rahmen des ursprünglichen Modells mehr" zu (ebenda).

die Beschaffenheit und Verknüpfung der Gegenstände der Erfahrung überhaupt suchen sollen."[121] Durch den »theoretischen« Zusammenhang, in dem diese Modelle stehen und durch die heuristische Funktion wird nicht nur vorgegeben, wie jeweils **mit** den Modellen operiert werden muß, sondern es wird darüberhinaus auch ein gewisser Gestaltungsrahmen **für** die Modellkonstruktion festgelegt (oder aber bei bereits vorhandenen verschiedenen Modellen eine Entscheidungsgrundlage für die Auswahl des im konkreten Fall zu verwendenden Modells gebildet).[122] Dieser Gestaltungsrahmen für die Bildung der Modelle bleibt aber so weit bemessen und hängt so sehr von praktischen Erwägungen ab, daß es bei diesem Typus von Modellen keine sicheren Regeln oder Methoden gibt, die zur Auffindung geeigneter Modelle führen. Weil diese Modelle oder erfundenen »Beschreibungen« nicht "von der Erfahrung" abstrahiert worden sind, kann man mit Kant die diesen Modellen zugrundegelegten "Begriffe [...] **erschlichene** nennen".[123]

(iii) Auch beim dritten Typus von Modellen (der zwar, wie sogleich leicht zu sehen sein wird, im Hinblick auf die Sprachspiele bedeutungslos ist, aus historischen Gründen und der Vollständigkeit wegen aber dennoch kurz erwähnt sei), ist (wie in (ii)) von einer "bloß begrifflichen" Beschreibung auszugehen. Denn auch hier findet man in der uns sinnlich zugänglichen Welt keine Gegenstände oder Vorgänge, die zu einer - der begrifflichen Beschreibung "entsprechenden" - "Modifikation unserer Sinnlichkeit"[124] führen. Anders als in (ii) unterstellt

121) Kant, *KrV*, A 671 / B 699.

122) So wird zum Beispiel in der astronomischen Navigation noch heute dem ptolemäischen Modell der Vorzug gegenüber dem kopernikanischen gegeben, weil sich so die Lage von Orten auf der Erdoberfläche näherungsweise genauer berechnen läßt - obgleich letzteres Modell dem ersteren in vielerlei Hinsicht "überlegen" ist oder üblicherweise als das "bessere" oder "zutreffendere" Modell angesehen wird.

123) Kant, *Träume eines Geistersehers, erläutert durch Träume der Metaphysik*, AA II, S. 320 Anm. (Hervorhebung im Original).

124) Kant, *KrV*, A 139 / B 178.

man hier aber nicht (nur), die "passende" Anschauung gefunden zu haben, sondern **erfindet** stattdessen ein (in diesem Fall in der Regel optisches oder akustisches) Modell, um sich den "bloß begrifflich" erschlossenen Sachverhalt "anschaulich", das heißt verständlich zu machen. Auf das, was durch den Verstand bereits "begriffen" ist, wird nun noch durch ein Modell "in dem Gebiet der Sinne [...] angespielt",[125] indem man - für die Darstellung des Begriffs - die dazu erforderliche **Anschauung selbst herstellt.**[126] Ein derartiges Modell - wir wollen es in Anlehnung an Rudolf Kötter "**Veranschaulichungsmodell**"[127] nennen - hat die Funktion, die "bloß begriffliche" Beschreibung eines Sachverhalts "material gehaltvoll" **zu machen**, indem es "Gegenstände" oder "Vorgänge" anschaulich (re?)präsentiert.[128] Da ein derartiges Modell somit nicht mehr als die **Erfindung einer Anschauung** ist, bietet es sich an, die mit diesen Modellen gewonnenen Anschauungen - in Anspielung auf Kant[129] - "erschlichene" Anschauungen zu nennen.

Gerüstet mit einem differenzierten Verständnis des Modell-Begriffs können wir nun zu der Frage nach dem möglichen Modell-Charakter der Sprachspiele zurückkehren. Dabei darf jedoch nicht außer acht

125) W. v. Humboldt, *Plan einer vergleichenden Anthropologie*, a.a.O., S. 348.

126) Die lexikalische Bedeutung von "exhibitio", dem von Kant angegebenen Terminus für "Darstellung" (*KdU*, AA V, S. 192), umfaßt neben dem Herbeischaffen (etwa eines Zeugen) auch das Machen oder Verursachen.

127) R. Kötter, *Modell und ökonomische Realität. [...]*, a.a.O., bes. S. 43.

128) Zwei Beispiele seien zur Erläuterung angeführt:
In der Geologie werden für bestimmte Bereiche des Erdinneren Veranschaulichungsmodelle entworfen, um die (Struktur der) Beschaffenheit - etwa der Erdkruste - optisch (schematisch) darzustellen.
Um das Phänomen der Induktion, also der Kraftwirkung auf elektrische Ladungsträger, zu veranschaulichen, wurden (zum Beispiel von Maxwell und Raleigh) mechanische Modelle gebaut. Elektrodynamische Vorgänge sollten also mechanisch "veranschaulicht" werden.

129) Siehe Kant, *Träume eines Geistersehers [...]*, AA II, S. 320 Anm.

gelassen werden, welche Aufgabe die Transzendentalphilosophie zu bewältigen hat. Diese bildet ja bei dem von uns verfolgten Thema den "theoretischen" Zusammenhang, der sowohl den Gestaltungsrahmen für die Konstruktion der Sprachspiel-Modelle festlegt, als auch vorgibt, wie mit diesen Modellen operiert werden soll. Die Sprachspiele müssen also in einer der transzendentalphilosophischen Aufgabenstellung angemessenen Weise konzipiert sein oder zumindest so verwendet werden können. (Mit anderen Worten: Die Sprachspiele müssen auf die Erfordernisse der Transzendentalphilosophie "zugeschnitten" sein oder doch zumindest darauf "zuschneidbar" sein).

Wenn die Transzendentalphilosophie (gemäß der in der Einleitung[130] vor allem hinsichtlich ihres Problemgehalts ausführlich erörterten Bestimmung) sich der methodisch geleiteten Prüfung von Geltungsansprüchen überhaupt anzunehmen hat, dann müssen die Sprachspiele - sofern sie als Modelle in der Transzendentalphilosophie Gebrauch finden sollen - ein für diese Prüfung geeigneter "Untersuchungsgegenstand" sein. Oder genauer: Es müssen die Sprachspiele bei der Erschließung des transzendentalphilosophischen "Untersuchungsgegenstandes" (eben der Geltungsansprüche überhaupt) von Nutzen sein. Und sofern wir überdies am Projekt einer "hermeneutischen" Ausweitung der Transzendentalphilosophie festhalten wollen, sollten die Sprachspiele sogar weitere Bereiche erschließen helfen, als dies die "klassische" Transzendentalphilosophie Kants zu tun vermag. (Wir würden also die durch das Kantische Paradigma vorgegebene **Orientierung am Urteil aufgeben zugunsten einer Orientierung am Sprachspiel** - und dies vor allem in der Hoffnung, damit weitere Geltungsansprüche in das transzendentalphilosophische Prüfungsprogramm aufnehmen zu können, oder aber, falls wir den Aspekt einer »Kritik der historischen Vernunft« hervorheben wollen, in der Hoff-

130) Vgl. oben, S. 14.

nung, damit insbesondere die "Geschichtlichkeit" von Geltungsansprüchen zu erfassen).

Wollen wir also Apels Transzendentalpragmatik (nach der Amputation des Letztbegründungsversuchs) für das Vorhaben einer Erweiterung der Transzendentalphilosophie fruchtbar machen, dann muß es vor dem oben skizzierten Hintergrund zunächst als Merkwürdigkeit erscheinen, daß Apel die Sprachspiele zur Darstellung von mehreren »Etwasen« verwenden will. Sollen nämlich die **Sprachspiele als Modell-Einheiten sowohl für (den) Sprachgebrauch als auch für (die) Lebensform und darüber hinaus noch für (die) Welterschließung** dienen,[131] so ist zum einen zu befürchten, daß wir die Sprachspiel-Modelle funktional überlasten, wenn von ihnen (Re-)Präsentationen von derart verschiedenen »Gegenständen« oder »Vorgängen« erwartet wird, wie es die drei genannten sind. Zum anderen haben wir, selbst wenn es gelingen sollte, diese funktionale Überlastung zu vermeiden, nicht sehr viel gewonnen im Hinblick auf unsere eigentliche Absicht, (weitere) Geltungsansprüche zu erfassen.

Um dieses Problem in den Griff zu bekommen, bieten sich zwei Möglichkeiten an: Entweder man reduziert (zumindest vorläufig, bis die genaueren Zusammenhänge deutlich sind) die Vielfalt dessen, was mit den Sprachspiel-Modellen dargestellt werden soll (wobei die Beziehung zwischen Sprachgebrauch, Lebensform und Welterschließung auf der einen und den Geltungsansprüchen auf der anderen Seite als geklärt vorausgesetzt werden müßte), oder man stellt gleich die Geltungsansprüche in den Mittelpunkt der Modell-Konstruktion (und zeigt dann, wie diese mit Sprachgebrauch, Lebensform und Welterschließung "verwoben" sind). Betrachten wir also diese beiden mit den Sprachspielen sinnvoll zu verfolgenden Möglichkeiten der Modellbildung im Hinblick auf die zwei relevanten Modell-Typen ((i) und (ii)).

---

131) Vgl. K.-O. Apel, *Transformation der Philosophie*, Bd. 1, a.a.O., S. 364.

Dabei wollen wir uns im Falle der ersten Möglichkeit paradigmatisch auf die für die (Transzendental-)Pragmatik (im engeren Verständnis) besonders bedeutsame Darstellung des Sprachgebrauchs beschränken. (Die Darstellung der Welterschließung würde den hermeneutischen Aspekt im Sinne Heideggers betonen, ein Modell der Lebensform würde wegen derer diachronischen Variabilität[132] den historischen Aspekt hervorheben).

Unterstützung für die Position, die **Sprachspiele als** pragmatische **Idealmodelle** des Sprachgebrauchs anzusehen, scheint man schon bei deren »Erfinder«, bei Ludwig Wittgenstein, finden zu können. Für ihn sind Sprachspiele "einfachere Verfahren zum Gebrauch von Zeichen als jene, nach denen wir Zeichen in unserer äußerst komplizierten Alltagssprache gebrauchen".[133] Insofern ist dann auch das "Studium von Sprachspielen [...] das Studium primitiver Sprachformen oder primitiver Sprachen".[134] Mit den Sprachspielen läßt sich also gleichfalls die bei den Idealmodellen bemerkte Absicht der Komplexitäts-Reduktion verfolgen: Nicht alle Attribute oder Eigenschaften, die begrifflich am "äußerst komplizierten" Gebrauch der Alltagssprache unterschieden werden können, sollen für das Studium der Sprachspiele von Relevanz sein. Die "primitiven" Sprachformen der Sprachspiele sind damit eine "verkürzte" oder "idealisierte" Darstellung des Zeichengebrauchs der normalen Sprache.

Des weiteren ließe sich in einem Plädoyer für den Idealisierungsmodell-Charakter der Sprachspiele vorbringen, daß diese die in der Syntaktik und Semantik vorgenommene Idealisierungen wieder zurückneh-

---

132) So ist für Dilthey Geschichte geradezu bestimmt als "die sich ausbreitende Mannigfaltigkeit menschlicher Lebensformen" (*Das geschichtliche Bewußtsein und die Weltanschauungen*, in: ders., Ges. Schr., VIII. Bd., S.5).

133) L. Wittgenstein, *Das Blaue Buch*, in: ders., *Das Blaue Buch. Eine Philosophische Betrachtung (Das Braune Buch)*, hrsg. von Rush Rhees, Frankfurt/M. (Suhrkamp stw 313) 1980, S. 15-116, loc.cit. S. 37.

134) L. Wittgenstein, *Das Blaue Buch*, a.a.O., S. 37.

men, und damit als ein "konkreteres" Modell mit "höherem Realitätsgehalt" ausgewiesen werden können als dies syntaktische und semantische Sprachmodelle (letztere hat beispielsweise Alfred Tarski auszuarbeiten versucht) sind. Und sogar für die Sprachspiele selbst scheint es möglich, ihren "Realitätsgehalt" nach Belieben zu verändern, denn nach Wittgenstein können "wir die komplizierten Formen aus den primitiven zusammensetzen [...], indem wir nach und nach neue Formen hinzufügen".[135] Weil wir in den "einfachen Vorgängen" der Sprachspiele Sprachformen erkennen, "die von unseren komplizierten Sprachformen keineswegs durch einen Einschnitt getrennt sind",[136] kann man, so mag es zunächst scheinen, die Sprachspiele kontrolliert in die Totalität der Sprache überführen (oder umgekehrt).

Doch gerade der Vorstellung, die Sprachspiele seien dazu geeignet, die Totalität der Sprache (oder **den** Begriff **der** Sprache) darzustellen, will Wittgenstein entgegenarbeiten. Sieht er doch seine Untersuchungsmethode durch "unser Streben nach Allgemeinheit",[137] durch unser Trachten nach **Allgemein**begriffen erschwert. Da es für Wittgenstein keinen einheitlichen Begriff der Sprache gibt - "»Sprache«, das sind doch die Sprachen"[138] -, können die Sprachspiele auch keine Darstellung einer bereits vor(aus)liegenden Beschreibung der Sprache (oder einer bestimmten Anzahl von durchgängigen Merkmalen des Begriffs der Sprache) sein; vielmehr wird mit jedem Sprachspiel ein anderer Sachverhalt vorgestellt: Ein anderes Sprachspiel evoziert einen anderen Begriff von Sprache. Folglich betrachtet Wittgenstein "die Sprachspiele nicht als Fragmente eines Ganzen »**der** Sprache«, sondern als in sich geschlossene Systeme der Verständigung, als einfache,

135) L. Wittgenstein, *Das Blaue Buch*, a.a.O., S. 37.

136) Ebenda.

137) Ebenda.

138) L. Wittgenstein, *Philosophische Grammatik*, hrsg. von Rush Rhees, Frankfurt/M. (Suhrkamp stw 5) 31980, S. 170.

primitive Sprachen".[139] Da die Sprachspiele damit lediglich der Exemplifizierung von einzelnen Sprachen dienen, und Wittgenstein zugleich darauf besteht, daß es nichts zu geben braucht, was allen diesen einzelnen Sprachen gemeinsam ist (sonst hätten wir ein Merk-mal eines Allgemeinbegriffs der Sprache), besteht auch keine Äqui-va-lenz-re-la-tion zwischen den verschiedenen Sprachspielen oder den "Beschreibungen" von Sprachen. Den Sprachspielen liegt demnach keine Abstraktion oder Idealisierung in jenem Sinne zugrunde, wie wir sie für die Idealisierungsmodelle gefordert haben: Es wird nicht von einer komplexen Beschreibung "der" Sprache ausgegangen, um über kontrollierte Modifikationen der Beschreibung et-was über den Sprachgebrauch im allgemeinen zu erfahren. Vielmehr haben die Sprachspiele nur den Charakter von "Fallstudien", deren Zusammenhang vor allem durch das Bemerken von "Familienähnlichkeiten" hergestellt werden kann. Doch aus den (nur vage zu benennenden) Gemeinsamkeiten der Familien führt kein Weg zu einem Allgemeinbegriff der Sprache: "Auf keinem Umweg kann, was über eine Aufzählung von Einzelfällen gesagt wird, die Erklärung der All-gemeinheit sein".[140]

---

139) L. Wittgenstein, *Das Blaue Buch*, a.a.O., S. 117-282, loc.cit. S. 121 (Hervorhebung im Original).
Ganz in diesem Sinne findet es Anthony Kenny "particularly appropriate to call particular mini-languages »language-games«." (A. Kenny, *Wittgenstein*, Harmondsworth (Penguin/Pelican) ^{4}1983, p. 163).
Die jeweilige Geschlossenheit der Sprachspiele - und die negativen Konsequenzen für eine mögliche Rekonstruktion von Wittgensteins Philosophie - wird besonders betont von Walter Schulz: "Das Sprachspiel erscheint als seine eigene in sich ruhende und vollendete Wirklichkeit." (W. Schulz, *Wittgenstein. Die Negation der Philosophie*, Pfullingen (Neske) ^{2}1979, S. 70).

140) L. Wittgenstein, *Philosophische Grammatik*, a.a.O., S. 279.
Wittgenstein »schenkt« sich in den *Philosophischen Untersuchungen* ja "gerade den Teil", der ihm im *Tractatus* "das meiste Kopfzerbrechen gemacht hat, nämlich den, die allgemeine Form des Satzes und der Sprache betreffend." (L. Wittgenstein, *Philosophische Untersuchungen*, a.a.O., S. 56 (§ 65), zurückgenommene Hervorhebung).

Weil für die Bildung des zweiten Modell-Typs in methodischer Hinsicht weniger strenge Anforderungen gestellt werden - in diesem Fall muß keine durch Abstraktionsschritte kontrollierte Idealisierung einer Ausgangsbeschreibung erfolgen - entfällt hier ein wesentlicher Einwand, mit dem für den Fall des ersten Modell-Typs die Berechtigung zurückgewiesen wurde, daß sich die Sprachspiele als Modelle des Sprachgebrauchs erweisen lassen. Durch den heuristischen Gebrauch der Modelle des zweiten Typs kann außerdem ihr Allgemeinheitsanspruch relativiert werden: Da diese Modelle nicht (schrittweise) in eine komplexe Beschreibung eines Sachverhalts überführbar zu sein brauchen, weil sie eben nur gleichsam versuchsweise auf Sachverhalte angewendet werden, muß die Allgemeinheit nicht vorausgesetzt werden; vielmehr zeigt sich erst im Verlauf der Forschungspraxis, in welchem Ausmaß sich Eigenschaften des Modells tatsächlich auf den in Frage stehenden Sachverhalt übertragen lassen. (Darin liegt übrigens ein Grund, weswegen Modelle sich "aufbrauchen". Das Modell repräsentiert bestimmte Eigenschaften nur für eine Teilklasse der zu untersuchenden Phänomene). Im Sinne einer im Zusammenhang des zweiten Modell-Typs gebrauchten Charakterisierung kann man die Sprachspiele somit durchaus als "Instrumente zur probeweisen Erschließung"[141] des Sprachgebrauchs erachten, die, weil man bisher über keine (allgemein) akzeptierte Theorie der Sprache verfügt, zumindest in manchen Fällen den komplexen sprachlichen Zeichengebrauch vereinfacht darstellen mögen. Und erreicht würde in diesem Fall die modellhafte Darstellung durch eine Übertragung jener Begrifflichkeit, die zur Beschreibung von Spielen verwendet wird, auf die Beschreibung der Verwendung von Sprache. Für eine solche Übertragung von Begriffen ist der Gedanke leitend, es bestehe - zumindest für bestimmte Aspekte - eine strukturelle Identität zwischen Spielen und der Sprache, wobei diese Strukturgleichheit durch einen Schluß der Urteilskraft,

141) R. Inhetveen, *Über den Sinn des Gebrauchs von Modellen*, a.a.O., S. 16.

durch Analogie gewonnen wird - und diese hat lediglich den Status einer, wie Kant sagt, "logischen Präsumtion".[142] Aufgrund der Analogie[143] zwischen Spielen und der Sprache[144] muß dann jedes einzelne Sprachspiel, sofern es ein Modell für die Sprache (oder den Sprachgebrauch) sein soll, als Belegung dieser Struktur angesehen werden können.

In diesem Zusammenhang müssen nun zwei Ebenen unterschieden werden. (1.) Auf einer abstrakten (oder "strukturellen") Ebene wird **zunächst eine Analogie gesetzt**: Das Spiel soll uns Auskunft darüber geben können, wie die Sprache im allgemeinen "funktioniert". Das heißt, es werden Funktionszusammenhänge des Spiels (ein Relationsgefüge von Merkmalen des Spielbegriffs) durch eine homomorphe "Abbildung" auch der Sprache zugeschrieben. Die aus dem Spielbegriff gewonnene Struktur der Spiele - und darin besteht die heuristische Fruchtbarkeit der Analogie[145] - erlaubt es nun, den Sprachbegriff neu zu bestimmen und somit die Sprache auf eine Weise zu beschreiben, wie es bisher nicht möglich war. (Um beispielsweise den Sprachgebrauch erfassen zu können, verwendet man zur Beschreibung der nur schwer faßbaren Kommunikationsstrukturen der Sprache die - unterstellt - bereits verstandenen Interaktionsstrukturen der Spiele). (2.) Auf einer konkreteren Ebene sollen dann die zahlreichen verschiedenen Sprachspiele Modelle sein, die es gestatten, die allgemeine

142) Siehe Kant, *Logik*, AA IX, S. 133.

143) Über das - auf einer anderen Ebene angesiedelte - Problem des Verhältnisses von Wittgensteins Familienähnlichkeits-Konzept zum traditionellen Verständnis von Analogie bei Aristoteles und Thomas infomiert: Rudolf Teuwsen, *Familienähnlichkeit und Analogie. Zur Semantik genereller Termini bei Wittgenstein und Thomas von Aquin*, Freiburg/München (Alber; Symposion 84) 1988.

144) Siehe zum Beispiel L. Wittgenstein, *Philosophische Untersuchungen*, a.a.O., S. 67 (§ 87).

145) Ein Beispiel für den - durch die Rede vom "als ob" hervorgehobenen - heuristischen Gebrauch einer Analogie gibt Kant in der sogenannten »*Ersten Einleitung*« in die *KdU*, AA XX, S. 200f.

Funktionsweise (die mittels der Analogie nur strukturell bestimmt ist) vereinfacht darzustellen, um schließlich mittels der Modelle wiederum die Struktur zunehmend präziser und "merkmalsreicher" (und damit gewissermaßen »realitätsnäher«) beschreiben zu können.

Anhand der (von Gordon Baker und Peter Hacker skizzierten) Entwicklung des Sprachspielgedankens bei Wittgenstein[146] läßt sich nun aufzeigen, daß diese beiden Ebenen nur am Beginn von Wittgensteins Überlegungen zum Sprachspiel deutlich getrennt werden können; und dieser Beginn ist noch frei davon, pragmatische Gesichtspunkte bei der Sprachbetrachtung geltend machen zu wollen. Sieht man nämlich den Ausgangs- oder Bezugspunkt der Überlegungen zum Sprachspiel in der Auseinandersetzung zwischen Frege und den Formalisten - auf diese Kontroverse bezieht sich Wittgenstein vor allem in seinen von Friedrich Waismann aufgezeichneten Gesprächen mit Vertretern des Wiener Kreises[147] -, so läßt sich mit den Formalisten "jede Syntax als ein System von Spielregeln auffassen".[148] (Die Formulierung macht bereits deutlich, daß wir uns hier auf der Ebene der Analogie befinden). Auf der zweiten, konkreteren Ebene wird von den Formalisten dann das **Schach**spiel tatsächlich als ein **Modell für das Konzept einer Kalkülsprache** verwendet: Mit Hilfe der Regeln des Schachspiels wird eine vereinfachte Darstellung der Formationsregeln von Kalkülsprachen gegeben. (Weil die Regeln des Schachspiels als eine durch die Analogie gerechtfertigte Belegung der allgemeinen Satzstrukturen von Kalkülsprachen angesehen werden können).

---

146) Siehe Gordon P. Baker & Peter M.S. Hacker, *Wittgenstein. Meaning and Understanding* (=Essays on the »Philosophical Investigations«, Vol. 1), Oxford (Blackwell) 1983, bes. p. 47-51.

147) *Ludwig Wittgenstein und der Wiener Kreis. Gespräche, aufgezeichnet von Friedrich Waismann*, aus dem Nachlaß hrsg. von B.F. McGuiness, Frankfurt/M. (Suhrkamp stw 503) ^{2}1987, bes. S. 103-105.

148) Ebenda, S. 103-105.

Wittgenstein jedoch, darauf weisen Baker und Hacker hin,[149] machte recht bald schon von der Analogie wesentlich umfassenderen Gebrauch als es eingangs die Formalisten taten. Dies führte dazu, daß Wittgenstein schließlich das Konzept einer Kalkülsprache (zugunsten eines pragmatisch orientierten Sprachverständnisses) verwarf. Wichtiger für den hier verhandelten Zusammenhang ist jedoch, daß Wittgenstein zugleich **die Bedeutung der Analogie verändert hat**, so daß zum einen die anfangs voneinander geschiedenen Ebenen - und deren Differenzierung wird in diesem Fall zum Gebrauch des zweiten Modell-Typs erfordert - schließlich nicht mehr auseinandergehalten werden können und zum anderen zweifelhaft wird, ob bei Wittgenstein überhaupt noch von einer Analogie zwischen Sprache und Spiel die Rede sein kann.

Die Schwierigkeiten, in die man gerät, wenn man versucht, bei Wittgenstein die beiden Ebenen (die der Analogie und die des - in der ersten Ebene gewissermaßen subordinierten - Modells) zu trennen, lassen sich bereits anhand der Darstellung von Baker und Hacker verdeutlichen. Wenn diese nämlich meinen, trotz signifikanter Veränderungen und eines umfassenden Gebrauchs bleibe ("remains") das Schachspiel für Wittgenstein eine fruchtbare Analogie (und zwar "not because chess is a calculus, but because it is a game"[150]), dann verkennen sie, daß das Schachspiel ursprünglich (jedenfalls von den Formalisten) gar **nicht als Analogie** gebraucht wurde, sondern stattdessen **als ein Modell**, das geeignet ist, eine Struktur zu belegen, die durch Analogie als der Sprache und den Spielen gemeinsam angesehen wird.

Wenn es aber nicht Analogie **bleibt**, so könnte das Schachspiel (oder, dies scheint die oben zitierte Wendung Bakers und Hackers andeuten

149) G.P. Baker & P.M.S. Hacker, *Wittgenstein. Meaning and Understanding. [...]*, a.a.O., p. 48.

150) Ebenda.

zu wollen, das Spiel im allgemeinen) ja von Wittgenstein zur Analogie **gemacht werden**. Hiergegen muß jedoch vorgebracht werden, daß Wittgenstein nicht an einer Übertragung fester Strukturen gelegen ist. Weder der Begriff des Schachspiels noch der Spielbegriff im allgemeinen dient ihm dazu, ein Relationsgefüge von Merkmalen für die Bestimmung des Sprachbegriffs zu bekommen. Wittgenstein ist vielmehr darum bemüht, die Verschiedenheit der Spiele zu betonen ("Fußball hat Tore, Völkerball nicht."[151]), so daß schon der für die Analogie als Basis dienende Begriff »Spiel« als "ein Begriff mit verschwommenen Rändern",[152] gar als ein "verschwommener Begriff"[153] ausgemacht wird. Etwas Amorphes aber kann nicht der Ausgangspunkt für eine homomorphe "Abbildung" sein! (Da Wittgenstein gleichwohl den Begriff des Spiels und den Begriff der Sprache zueinander in Beziehung setzt, sei diese Beziehung in Abhebung von der Analogie kurz umrissen: Wittgenstein, so kann man metaphorisch sagen, **entnimmt** dem (allgemeinen) Spielbegriff nichts (weder **Merkmale** noch die Struktur einer Merkmalskonfiguration), um den **Inhalt** des Sprachbegriffs zu erhellen; er **nimmt** stattdessen den Begriff des Spiels (genauer: seine **Eigenschaft**, "unscharf" zu sein) dazu her, um dieselbe (**formale**) **Eigenschaft** des Begriffs der Sprache zu exemplifizieren).

Dies hat nun Folgen für die Frage, ob die Sprachspiele Modelle für die Sprache oder den Sprachgebrauch sein können. Wollte man nämlich - zumal Baker und Hacker "Modell" und "Analogie" offensichtlich nicht terminologisch verwenden - mit der gleichen Begründung (nicht weil Schach ein Kalkül, sondern weil es ein Spiel ist) Wittgenstein so zu lesen versuchen, als bliebe dann eben das Schachspiel ein fruchtbares **Modell** für den Sprachgebrauch, dann steht dieser Lesart

151) L. Wittgenstein, *Philosophische Untersuchungen*, a.a.O., S. 369 (zurückgenommene Hervorhebung).

152) Ebenda. S. 60 (§ 71).

153) Ebenda.

entgegen, daß das Schachspiel (wie später auch die Sprachspiele) bei Wittgenstein keine "erfundene" Beschreibung **der** Sprache sein soll und einer solchen Beschreibung auch nicht zugeordnet wird, so daß mit dem Schachspiel nicht einmal prätendiert wird, die Belegung einer allen Spielen (oder gar noch, wie es eine Analogie nach sich ziehen würde, zusätzlich der Sprache) gemeinsamen, allgemeinen Struktur zu sein. Nicht nur für das Schachspiel, sondern ebenso für die Sprachspiele hat dies auch im Hinblick auf den zweiten Modell-Typ zur Konsequenz, daß ihnen der Modell-Charakter in Abrede gestellt werden muß: Ohne eine leitende Analogie sind das Schachspiel wie auch die Sprachspiele nicht mehr als - bestenfalls typisierte - Mustersituationen für einzelne Fälle des Sprachgebrauchs. Sie sind deswegen keine Darstellungen "höherer Ordnung" und stellen damit weder einen Begriff von Sprache (oder des Sprachgebrauchs) noch eine (komplexe) Beschreibung der Sprache (oder des Sprachgebrauchs) in vereinfachter Weise dar. Wenn überhaupt, dann scheint Wittgenstein mit jedem einzelnen Sprachspiel - hierin treffen die Resümees für beide Modell-Typen überein - so etwas wie eine Beschreibung (oder einen Begriff) der Sprache und ihrer Verwendung **erzeugen** zu wollen (wir hätten hier also so etwas wie einen Handlungs-Atomismus zugrunde liegen): Ein anderes Spiel ist ein anderer Begriff.[154]

Doch selbst wenn Wittgenstein keine allgemeinen und abstrakten Funktionsweisen oder Strukturen der Sprache benennt (zu denen dann die Sprachspiele als Modelle fungieren könnten), ja, wenn seine (Spät-) Philosophie geradezu von der Absicht getragen zu sein scheint, **jeden Übergang von einzelnen Fällen zu allgemeinen Strukturen** strikt unter Unsinnsverdacht stellen zu wollen, und deswegen solche Übergänge (anhand von gewichtigen Beispielen) von ihm einer hartnäckigen kritischen Prüfung unterzogen werden, so müssen wir uns dennoch fragen, ob die Einführung und Erfindung der Sprachspiele nicht mit

154) Vgl. L. Wittgenstein, *Philosophische Untersuchungen*, a.a.O., S. 291.

einer allgemeinen (heuristischen?) Absicht erfolgt. (Erst eine solche Absicht würde den Beispielen Gewichtigkeit verleihen). Für die Annahme einer allgemeinen Absicht spricht sowohl - aus der Sicht Wittgensteins -, daß die Beschreibungen von Sprachspielen "ihr Licht, d.i. ihren Zweck, von den philosophischen Problemen"[155] empfangen, als auch - aus der Sicht der Rezipienten -, daß die Sprachspiele nicht bloß als eine assoziative Abfolge von mehr oder weniger interessanten »Spielchen« betrachtet werden, die dem Leser einen etwas ungewöhnlichen, dafür aber jedenfalls als »sophisticated« zu bezeichnenden Zeitvertreib bescheren, sondern daß die Sprachspiele sich durchaus so verstehen lassen, als zeigten sie **in ihrer Gesamtheit**, daß die »großen« (Geltungs-)Ansprüche der Philosophie zurückgewiesen werden müssen, weil es jenseits der Sprachspiele keinen Raum für eine Philosophie gibt, die "ein eigentliches Verständnis"[156] der Geltungsansprüche schaffen könnte und so in der Lage wäre, ein Richteramt auszuüben. Zugleich würde dann **in und mit jedem einzelnen Sprachspiel** exemplarisch die **einzig mögliche Weise** der Darstellung von Geltungsansprüchen (wie beispielsweise derjenigen, die mit der Rede von Schmerzempfindungen verbunden sind) vorgeführt oder »gezeigt« werden, und zwar auf dem hierzu erforderlichen »Umweg« (der von Wittgenstein allerdings nicht als solcher angesehen wird[157]): über die Beschreibung einer konkreten Situation. (Ohne über einen allgemeinen Begriff von Geltungsansprüchen zu verfügen, ist die Philosophie somit nur dazu befähigt, "**besondere Mißverständnisse** zu beseitigen",[158]

155) L. Wittgenstein, *Philosophische Untersuchungen*, a.a.O., S. 79 (§ 109).

156) L. Wittgenstein, *Philosophische Grammatik*, a.a.O., S. 115.

157) "Das Exemplifizieren ist" für ihn "nicht ein **indirektes** Mittel der Erklärung, - in Ermanglung eines Bessern. Denn, mißverstanden kann auch jede allgemeine Erklärung werden." (L. Wittgenstein, *Philosophische Untersuchungen*, a.a.O., S. 60 (§ 71), Hervorhebung im Original).

158) L. Wittgenstein, *Philosophische Grammatik*, a.a.O., S. 115 (Hervorhebung Th.G.).

und zwar solche "Mißverständnisse, die **den Gebrauch von Worten** [und nicht von Begriffen!, Th.G.] betreffen".[159]

Beabsichtigen wir weiterhin, an die Stelle einer Bearbeitung des bisher "für den transzendentalen Gedanken grundlegenden Begriffs des **Urteils** überhaupt"[160] die Untersuchung von Sprachspielen treten zu lassen, dann scheint von den zunächst noch verbleibenden zwei Wegen, die Sprachspiele als Modelle (von Geltungsansprüchen) rekonstruieren zu können, nur mehr einer offen zu bleiben, da mit den Sprachspielen - wie aus der obigen Erläuterung bereits hervorgeht - **keine Idealisierung** der Geltungsansprüche vorgenommen wird. Denn ebenso wie im Falle des Sprachgebrauchs,[161] so muß auch im Falle der Geltungsansprüche der Versuch, die Sprachspiele als Idealisierungsmodelle zu bestimmen, daran scheitern, daß kein durch Abstraktionsschritte kontrollierter Übergang von einer (komplexen) Beschreibung (dort des Sprachgebrauchs, hier der Geltungsansprüche) zu den Sprachspielen nachvollzogen werden kann. Einzig gangbar bleibt dann nur noch der Weg, an dessen Ende die Sprachspiele als "erfundene Beschreibungen" (sozusagen als sprachliche "Veranschaulichung") der Geltungsansprüche erscheinen. Will man diesen Weg weiterverfolgen, so stellt sich allerdings abermals das Problem, daß Wittgenstein ja offensichtlich keine allgemeine Struktur der Sprachspiele annehmen wollte, und daß ihm auch der Gedanke fern lag, es sollten Invarianten der Sprachspiele gebildet oder »gesucht« werden. ("Denn, was etwa verborgen ist, interessiert uns nicht."[162])

---

159) L. Wittgenstein, *Philosophische Untersuchungen*, a.a.O., S. 72 (§ 90), (Hervorhebung Th.G.).

160) Rudolf Zocher, *Tatwelt und Erfahrungswissen. Eine Voruntersuchung zur Philosophie der Wirklichkeit und der empirischen Wissenschaften*, Wurzach (Pan) 1948, S. 10 (Hervorhebung im Original).

161) Siehe oben, S. 129ff.

162) L. Wittgenstein, *Philosophische Untersuchungen*, a.a.O., S. 83 (§ 126).

Die radikale, "unsägliche Verschiedenheit"[163] der Sprachspiele - von wo aus kein Weg zu einer, wie auch immer gearteten Transzendentalphilosophie führt - könnte aber dann überwunden werden, wenn es trotz Wittgensteins gegenteiliger Auffassung doch noch gelingen sollte, Invarianten der Sprachspiele zu benennen, so daß letztere schließlich als Belegung einer allgemeinen Struktur erscheinen könnten. Nun hat es auf den ersten Blick den Anschein, als sei auch K.-O. Apel dieser Überzeugung und begebe sich für die von ihm beabsichtigte "Transformation der Transzendentalphilosophie" auf die Suche nach einer solchen Struktur. Im Falle der Geltungsansprüche, so dürfen wir Apels in diesem Zusammenhang gemachte Ausführungen wohl verstehen, kann nämlich ein besonderes Argument vorgebracht werden, das es erlaube oder sogar erforderlich mache, im Hinblick auf die Frage nach (den) Invarianten der Sprachspiele - wie Apel zu sagen beliebt -, "mit Wittgenstein gegen Wittgenstein und über Wittgenstein hinaus zu denken".[164]

Im folgenden soll nun gezeigt werden, daß Apels Lösungsvorschlag für das Invarianten- oder Strukturproblem - das Postulat eines besonderen, "transzendentalen Sprachspiels" - keine akzeptable Lösung sein kann. Dabei wird die These vertreten werden, daß das "transzendentale Sprachspiel" von Apel zwar als Invariante veranschlagt, nicht aber als solche gewonnen oder ausgewiesen wird.

Um dem (Geltungs-)Relativismus, den die Pluralität von lokalen, einander inkommensurablen Sprachspielen nach sich zieht, zu begegnen, thematisiert Apel vor allem etwas, das man die **Meta-Ebene der Sprachspiele** nennen könnte: Er versucht, den philosophischen Gehalt von Wittgensteins Spätwerk zu explizieren, indem er "dem Geschäft

---

163) L. Wittgenstein, *Philosophische Untersuchungen*, a.a.O., S. 360.

164) K.-O. Apel, *Transformation der Philosophie*, Bd. 2, a.a.O., S. 346. Vgl. ebenda, S. 161f. und S. 255.

der Sprachspiel-**Beschreibung**"[165] seine hauptsächliche Aufmerksamkeit zuteil werden läßt. Derartige Überlegungen, von denen Wittgenstein selbst (vorsichtiger- und / oder konsequenterweise?) weitgehend absieht, scheinen durchaus angebracht zu sein, weil die Sprachspiel-»Methode« Wittgensteins gewissermaßen der üblichen »philosophischen« Erwartungshaltung zuwiderläuft. Da wir also, um es mit einer hier wohl erlaubten *Tractatus*-Paraphrase zu sagen, beim Lesen der Sprachspiele nicht das Gefühl haben, daß uns dabei Philosophie gelehrt würde,[166] bedarf es erläuternder Sätze, um die Sprachspiele an die (traditionelle?) Philosophie anzubinden. Weil diese Sätze, die im Kontext des philosophischen Diskurses[167] stehen, wie Apel sagt, "auf alle nur möglichen Sprachspiele **reflexiv** und **kritisch** bezogen"[168] sind, muß ihnen - gegenüber den Sprachspielen - **ein besonderer Status** beigemessen werden. Dieser Status läßt sich aber unterschiedlich einschätzen:

1) Wittgenstein selbst würde wohl eine »negative« Einschätzung vornehmen und diese Sätze als "Philosophen-Unsinn"[169] (dis-)qualifizieren - womit ihnen auch der Anspruch auf Gültigkeit verwehrt würde. Wenn wir nämlich die Absichten Wittgensteins und die diesen Absichten zugrundeliegende Auffassung von Pragmatik richtig gedeutet haben, dann ließe sich (sinnvolles) Sprechen **niemals** von den es begleitenden (nichtsprachlichen) Handlungen absondern. Für die Frage nach den Geltungsansprüchen heißt dies: Nur »innerhalb« dessen, was Wittgenstein "Sprachspiele" nennt, nur »innerhalb« von Sprache-Hand-

---

165) K.-O. Apel, *Transformation der Philosophie*, Bd. 2, a.a.O., S. 347 (Hervorhebung im Original).

166) Siehe L. Wittgenstein, *Tractatus logico-philosophicus [...]*, a.a.O., unpaginiert (S. 115; 6.53).

167) Vgl. oben, S. 103.

168) K.-O. Apel, *Transformation der Philosophie*, Bd. 2, a.a.O., S. 347 (Hervorhebungen im Original).

169) L. Wittgenstein, *Philosophische Untersuchungen*, a.a.O., S. 354.

lungs-Komplexen, können Geltungsansprüche erhoben werden. Das heißt nun aber, daß die Sätze der Philosophie - eben weil es **Sätze** sind und **keine Sprachspiele** - ohne Anspruch auf Gültigkeit sind und damit nicht zum sinnvollen Sprechen gerechnet werden dürfen. Würde man diese Sätze dennoch formulieren, dann müßte man auf sie das paradoxe Leiter-Bild aus dem *Tractatus* anwenden: Man muß die philosophischen Sätze schließlich "wegwerfen", wenn man "durch sie - auf ihnen - über sie hinausgestiegen ist"[170] und bei jener Philosophie angekommen ist, die alles bloß hinstellt und nichts erklärt:[171] bei der Beschreibung von Sprachspielen. (Das Dilemma vor dem Wittgenstein und die ihm folgenden Pragmatisten stehen, findet eine prägnante Formulierung bei Richard Rorty: "pragmatists keep trying to find ways of making antiphilosophical points in nonphilosophical language".[172] Ja, bisweilen[173] kann man sich des Eindrucks nicht erwehren, daß Wittgenstein am liebsten sogar noch auf die »unphilosophische« Sprache, die er zur Beschreibung seiner Sprachspiele verwenden muß, verzichten würde, um uns gleichsam bei der Hand zu nehmen und »direkt« zu den geschehenden Sprache-Handlungs-Komplexen zu führen).

2) Karl-Otto Apel hingegen schätzt die Sätze des handlungsentlasteten philosophischen Diskurses nicht nur überaus »positiv« ein, er hält sie

---

170) L. Wittgenstein, *Tractatus logico-philosophicus* ..., a.a.O., unpaginiert (S. 115; 6.54).
Wittgenstein selbst deutet ja, wie wir bereits vermerkt haben, in den *Philosophischen Untersuchungen* (a.a.O., S. 56, § 65) diesen Bezug zum *Tractatus* an, indem er den Vorwurf erörtert: "Du schenkst dir also gerade den Teil der Untersuchung, der dir selbst seinerzeit das meiste Kopfzerbrechen gemacht hat, nämlich den, die **allgemeine Form des Satzes** und der Sprache betreffend." (Hervorhebung im Original).

171) Siehe L. Wittgenstein, *Philosophische Untersuchungen*, a.a.O., S. 83 (§ 126).

172) R. Rorty, *Conequences of Pragmatism (Essays: 1972-1980)*, Minneapolis (Univ. of Minnesota Press) 1982, p. xiv.

173) So zum Beispiel wenn er uns oder sich selbst auffordert: "denk nicht, sondern schau!" (L. Wittgenstein, *Philosophische Untersuchungen*, a.a.O., S. 57, § 66).

sogar für unabdingbar. Wobei er die Unabdingbarkeit dieser Sätze durch eine, wie er es nennt, "transzendentale Reflexion" als erwiesen sehen möchte. Apel gelangt also - im Unterschied zu Wittgenstein, bei dem sie gewissermaßen selbstgenügsam sind - zu der Überzeugung, daß alle faktisch vorkommenden oder beschriebenen Sprachspiele über sich selbst hinausweisen. Mit dieser "Transzendenz alles nur möglichen Zeichenverhaltens"[174] möchte er zugleich das "Postulat eines transzendentalen Sprachspiels"[175] plausibel machen. Dieses besondere Sprachspiel ist (einzig) dadurch gekennzeichnet, daß es "nicht einfach parallel geordnet und gleichberechtigt neben anderen Sprachspielen"[176] vorkommt, sondern seinen Ort in einem "**prinzipiell distanzierten Bereich** der Geltungsreflexion"[177] hat, der "sich seit Sokrates im »theoretischen Diskurs« der Philosophie als Sprachspiel institutionalisiert"[178] hat.

Mit diesem Bekenntnis zu der Wertschätzung des philosophischen Diskurses ist Apel aber noch weit davon entfernt, strukturelle Aussagen über die (übrigen) Sprachspiele gemacht zu haben: Er hat lediglich die Ebene **benannt**, auf der solche Aussagen angesiedelt werden können oder müssen - und damit der Meta-Ebene der Sprachspiele einen anderen Status verliehen als Wittgenstein dies getan hat.

Dabei ist allerdings zu fragen, ob die Benennung "transzendentales Sprachspiel" der Sache angemessen ist. Ist doch - zum einen - nicht recht einzusehen, weswegen der handlungs**entlastete** philosophische oder »theoretische« Diskurs dieser Meta-Ebene gleichfalls ein (?) Sprachspiel sein soll; zumal dadurch Wittgensteins Konzeption der Sprachspiele als Sprache-**Handlungs**-Komplexe ohne Not konterka-

---

174) K.-O. Apel, *Transformation der Philosophie*, Bd. 1, a.a.O., S. 177.

175) Ebenda, S. 176 Anm.

176) Ebenda, S. 175f.

177) Ebenda, S. 75 (Hervorhebung Th.G.).

178) Ebenda.

riert wird. Zum anderen - und dies ist in unserem Zusammenhang entscheidend - ist auch noch nicht geklärt, ob jene Ebene tatsächlich so ohne weiteres "transzendental" genannt werden sollte oder gar kann.

Sehen wir in der Transzendentalphilosophie ein Verfahren zur Prüfung - und gegebenenfalls Begründung und Rechtfertigung - von Geltungsansprüchen überhaupt, so ist für das Projekt einer Transzendentalpragmatik (und zwar insbesondere für jene Spielart wie sie von Apel favorisiert wird), zunächst danach zu fragen, ob die Sprachspiele für dieses Prüfungsverfahren in ähnlicher Weise geeignet sind, wie es die Urteile für die Kantische Transzendentalphilosophie sind (oder waren). Bei unseren bisher hierzu angestellten Überlegungen erwies sich als größtes Hindernis für eine mögliche Bejahung dieser Frage, daß für Wittgenstein die Sprachspiele immer etwas "Neues" oder "Spezifisches"[179] sind, so daß diese lokalen, "heteronomen"[180] (oder besser: heautonomen[181]) Sprache-Handlungs-Komplexe geradezu als konzeptuell unverbunden erscheinen.

Auch Apel sieht, daß von unverbundenen und jeweils radikal verschiedenen Sprachspielen kein Weg zu einer - wie auch immer gearteten - Transzendentalphilosophie führt. Wenn nämlich jedes Sprachspiel, so dürfen wir Apels hierzu gemachte Ausführungen verstehen, sozusagen intern und ausschließlich für sich selbst und aus sich heraus entwickelt, welche Regeln gelten (sollen), dann lassen sich auch nur jeweils »im« jeweiligen Sprachspiel Geltungsansprüche anmelden und (gegebenenfalls) zurückweisen. Dies aber hat zur Folge, daß sich Geltungs-

179) "Das Neue (Spontane, »Spezifische«) ist immer ein Sprachspiel." (L. Wittgenstein, *Philosophische Untersuchungen*, a.a.O., S. 360).

180) So werden die Sprachspiele von J.-F. Lyotard charakterisiert. (*Der Enthusiasmus. Kants Kritik der Geschichte*, Wien (Böhlau edition passagen 17) 1988, S. 113).

181) Hier ist auf den Kantischen Sprachgebrauch zu verweisen. Siehe *KdU*, AA V, S. 185 f. und die *»Erste Einleitung in die KdU«*, AA XX, S. 225.

ansprüche auch **nur** »innerhalb« des jeweiligen Sprachspiels legitimieren lassen und darüberhinaus auch kein Konzept von "Geltungsansprüchen überhaupt" formuliert werden kann.

Apel fürchtet nun, daß die Pluralität von lokalen, inkommensurablen Sprachspielen einen (Geltungs-)Relativismus nach sich ziehen würde; damit aber wäre die Einheit der Vernunft bedroht. Es gäbe ausschließlich so etwas wie Helmut F. Spinners "Okkasionelle Rationalität"[182]: Die Vernunft würde zur lokalen Vernunft.

Um diesen unerwünschten Begleiterscheinungen der Sprachspiele entgegenarbeiten zu können, wäre es nun erforderlich, zu zeigen, daß das Wort "Sprachspiel" von Wittgenstein - anders als dieser insinuiert - tatsächlich als **ein** Begriff verwendet wird, dem ein Klassifikationsprinzip zugrundeliegt. Wenn dies gelänge, dann müßten wir die Sprachspiele nämlich weder singularisiert ansehen (es wäre dann nicht jedes neue Sprachspiel gleichsam ein neuer "Begriff"), noch würden sie als inkommensurabel erscheinen (wir könnten die Sprachspiele dann nach verschiedenen Merkmalskonfigurationen sortieren - und die Transzendentalphilosophie müßte eben die Geltungsansprüche als Ordnungskriterien verwenden (können)).

Apel stellt jedoch derartige Überlegungen nicht einmal ansatzweise an. Stattdessen will er die **Kontexte** verändern, die beim Befolgen einer Regel, beziehungsweise beim Erheben und Einlösen von Geltungsansprüchen zu beachten sind und bekundet: "Nicht die faktisch bestehenden, recht verschiedenartigen und inkonsistenten Sprachspiele, die mit ebenso verschiedenartigen Lebensformen »verwoben« sind, sind m. E. in der Lage, den von Wittgenstein postulierten maßgebenden

---

182) Siehe Helmut F. Spinner, *Vereinzeln, verbinden, begründen, widerlegen. Zur philosophischen Stellung von Begründungs- und Kritikoptionen im Rahmen einer Systematik der Erkenntnisstile und Typologie der Rationalitätsformen*, a.a.O.
Vgl. auch unten S. 73ff.

Kontext für das Befolgen einer Regel abzugeben, sondern das »transzendentale« Sprachspiel".[183] Würde es dieses besondere Sprachspiel nämlich nicht geben, dann würden - und hierin kulminiert Apels Besorgnis - die singularisiert gegebenen (übrigen) Sprachspiele "die letzten quasi-transzendentalen Regel-Horizonte des Sinnverstehens sein".[184]

Da unter der von uns im Hinblick auf das Projekt einer Transzendentalpragmatik verfolgten Fragestellung diese Besorgnis unverständlich ist und daher nicht recht angebracht zu sein scheint, muß man vermuten, daß Apel gar nicht (mehr?) prüft, ob sich mit den Sprachspielen Transzendentalphilosophie betreiben läßt, und daß er folglich auch nicht nach Invarianten oder Strukturmomenten der Sprachspiele sucht. Verständlich wird die Vorstellung von den Sprachspielen als den möglicherweise "letzten quasi-transzendentalen Regel-Horizonten" erst aus der Apelschen Fassung der Transzendentalphilosophie.

Apel scheint zu meinen, die Aufgabe von transzendentalphilosophischen Untersuchungen bestehe darin, daß sie die als zu eng erachteten - weil jeweils bloß immanenten - Regel- oder Geltungs-Horizonte der Sprachspiele **erweitern** müsse. Da mit der Erweiterung dieser Horizonte nicht nur eine Zusammenführung verschiedener Standpunkte (etwa der des Betrachters und der des Teilnehmers eines Sprachspiels) durch die Rekonstruktion von oder die Verständigung über deren Gemeinsamkeiten[185] gemeint ist, sondern die **Integration der Sprachspiele in einen umfassenden Horizont** intendiert wird, tritt bei Apel deutlicher als bei Kant und in größerer Nähe zur »Transzendentalphi-

---

183) K.-O. Apel, *Transformation der Philosophie*, Bd. 2, a.a.O., S. 162f. (Hervorhebung im Original).

184) Ebenda, S. 255.

185) Hier wäre dann die Parallele zu Gadamers "Horizontverschmelzung" signifikant.
Siehe H.-G. Gadamer, *Wahrheit und Methode*, a.a.O., z.B. S. 289, 356 und 366.

losophie der Alten« das Motiv des »Übersteigens« zutage: Apel glaubt offenbar, die Transzendentalphilosophie müsse nach etwas suchen, das alle faktisch geschehenden oder beschriebenen Sprachspiele übersteigt und **damit** dem Geltungs-Relativismus entzogen ist. Insofern soll also bei ihm die "Vereinzelung" der Sprachspiele nicht dadurch überwunden werden, daß ihnen etwas als »Wesenszug« oder »Strukturmoment« Gemeinsames herausgearbeitet wird, sondern indem **ein** Sprachspiel "ausgenommen"[186] sein soll, wenn von der Relativität oder auch von der Begrenztheit der Sprachspiele die Rede ist.

Damit mag man zwar auf einen "übergreifenden Sinnbezug"[187] verwiesen haben, der sich gleichsam über die »gewöhnlichen« Sprachspiele der Lebenswelt stülpen läßt - einen "transzendentalen Ordnungs**ansatz**"[188] hat man jedoch noch lange nicht gewonnen, weil man ja gerade **keinerlei Ordnungskriterien** für jene Sprachspiele zur Verfügung hat, die es zu ordnen gilt: nämlich die von Wittgenstein beschriebenen Sprachspiele. Kann doch das "transzendentale Sprachspiel", das jener Meta-Ebene zugeordnet wird, die den übrigen Sprachspielen gegenüber "prinzipiell distanziert" ist, selbst keine (jedenfalls nicht schon per se) Invariante oder ein strukturelles Moment der von Wittgenstein beschriebenen Sprachspiele sein. Es hat aber den Anschein, als würde Apel ebendies glauben machen wollen, wenn er dennoch behauptet, das "transzendentale Sprachspiel" würde (als Sprachspiel?!) "**in**"[189] (!)

186) K.-O. Apel, *Transformation der Philosophie*, Bd. 2, a.a.O., S. 255.

187) Ebenda, Bd. 1, a.a.O., S. 176.

188) Ebenda, (Hervorhebung im Original).

189) Die Raum-Metaphorik, die in diesem Zusammenhang offensichtlich eine erhebliche Rolle spielt (und die auch im übrigen häufig dazu verwendet wird, um abstrakten philosophischen Argumentationen durch ihre - in der Regel optische - Veranschaulichungsleistung eine größere Überzeugungskraft zu verleihen), wird an diese Stelle zum einen mißbraucht und läßt zum andren ein schiefes Bild entstehen.
Schief wird die Raum-Metaphorik, weil Apel etwas, das in einem "prinzipiell distanzierten" Bereich liegt, tatsächlich zugleich "in" dasjenige hineinlegen will, wovon es gerade distanziert ist. (Dies liegt vermutlich daran, daß Apel - unse-

allen anderen Sprachspielen ("als die Bedingung der Möglichkeit und Gültigkeit von Verständigung schon vorausgesetzt"[190] werden (müssen)).

Diese in der Raum-Metaphorik zum Ausdruck gebrachte Doppeldeutigkeit des "transzendentalen Sprachspiels", die es dadurch erhält, daß es an zwei »Orten« (sowohl »über« allen, als auch »in« allen übrigen Sprachspielen) gleichzeitig sein soll, läßt sich zunächst präzisieren, indem man jene Teile von Apels Darstellung rekonstruiert, die ohne diese Metaphorik auskommen. Er möchte nämlich einerseits, daß das "transzendentale Sprachspiel" sozusagen »real existiert« (es hat sich ja, wie er sagt, seit dem fünften vorchristlichen Jahrhundert als philosophisches Sprachspiel "institutionalisiert"); womit diesem, so darf man schließen, sogar ein empirischer Charakter zugesprochen wird - jedenfalls in dem Sinne, daß es sich zumindest gelegentlich faktisch ereignet. Andererseits aber soll es (worauf sein Name verweist) transzendentalen Charakter haben und damit sozusagen bloß »ideal existieren« (hier findet dann das Konzept der "idealen Kommunikationsgemeinschaft" seinen Anschluß).

Des weiteren wird es Apel durch diese Doppeldeutigkeit möglich, mit einer Strategie auf Kritik zu reagieren, die man im Englischen als »tricky« bezeichnen würde. Denn er scheint - je nach Bedarf - zwischen den beiden Charakteren des "transzendentalen Sprachspiels" nach Belieben wählen zu können. Wirft man ihm - etwa im Hinblick auf die "ideale Kommunikationsgemeinschaft" - vor, er unterbreite mit

---

rer Auffassung folgend - letztlich wohl doch eingestehen würde, daß es des Aufweisens von Invarianten bedarf, sofern man zu transzendentalen Bedingungen gelangen will.)

Mißbraucht aber wird die Raum-Metaphorik, weil Apel das "transzendentale Sprachspiel" schließlich sogar im wörtlichen Sinne "in" die übrigen Sprachspiele legen will (so, als ob die Struktur eines Gegenstandes wirklich »im« Gegenstand wäre).

190) K.-O. Apel, *Transformation der Philosophie*, Bd. 2, a.a.O., S. 163.

dem "transzendentalen Sprachspiel" "ein bloßes Gedankending",[191] das ohne jegliche Beziehung auf die faktischen Sprachspiele sei, so verweist er darauf, daß "das transzendentale Sprachspiel der Philosophie [...] zu verstehender Teilnahme an allen »gegebenen« Sprachspielen prinzipiell befähigt sein"[192] muß. Wirft man ihm hingegen - etwa im Hinblick auf das Kantische Paradigma - vor, das "transzendentale Sprachspiel" sei eigentlich gar nicht transzendental, so verweist er darauf, daß es selbstverständlich auch in seiner "transformierten" Transzendentalphilosophie eine "transzendentale Differenz" gebe; und die klaffe eben zwischen den vielen faktischen Sprachspielen und dem einen "transzendentalen Sprachspiel".

Unter Zuhilfenahme von Kantischer Terminologie läßt sich nun die Doppeldeutigkeit des "transzendentalen Sprachspiels" ein weiteres Mal präzisieren - und diese Präzisierung wird uns dazu befähigen, die Frage, ob das "transzendentale Sprachspiel" tatsächlich "transzendental" genannt werden sollte oder gar kann, abschließend zu beantworten.

Sofern Apel die »ideale« Existenzweise des "transzendentalen Sprachspiels" geltend machen will, würde das transzendentale Sprachspiel von Kant vermutlich als ein "**Vernunftbegriff**" oder als eine "(Vernunft-)**Idee**"[193] gekennzeichnet werden. Besonders bedeutsam ist hierbei, daß von einer solchen Idee **kein konstitutiver**, sondern **immer**

191) Kant, *KrV*, A 566 / B 594.
Vgl. ebenda, A 771 / B 799.

192) K.-O. Apel, *Transformation der Philosophie*, Bd. 2, a.a.O., S. 255.

193) Kants Sprachgebrauch ist hier sehr uneinheitlich. Während er in der »Ersten Kritik« und in den *Prolegomena* die Benennung "(reiner oder transzendentaler) Vernunft**begriff**" oder "Idee" (ohne Präfix) vorzieht (um hiervon die "reinen Verstandesbegriffe" oder "Kategorien" unterscheiden zu können), gebraucht er in der »Dritten Kritik« vor allem den Terminus "Vernunft**idee**" (um diese von der "ästhetischen Idee" unterscheiden zu können).
Vgl. beispielsweise: *KrV*, A 320 / B 377, A 329 / B 385 und *Prolegomena*, AA IV, S. 328 (§ 41) mit *KdU*, AA V, S. 314 und S. 342 (§ 49 und § 57, Anm. 1).

nur ein **regulativer Gebrauch** gemacht werden darf, denn Vernunftideen können "nie eine Erkenntniß des Gegenstandes abgeben".[194] Damit aber wird Apel die Option genommen, **zugleich** eine »reale« Existenzweise der Sprachspiele anzunehmen. Neben dem regulativen Gebrauch gibt es für die "Vernunftideen" keinen weiteren legitimen Gebrauch, denn der Begriff, auf den sie bezogen sind, ist "ein **transzendenter** Begriff"[195] (und kein transzendentaler!). Wenn Apel sich also für den regulativen Gebrauch des "transzendentalen Sprachspiels" entscheidet - und bisweilen spricht er selbst vom "regulativen Prinzip" im Sinne Kants[196] -, dann darf er es nicht auch noch darüberhinaus als Konstitutivum für die übrigen Sprachspiele verwenden (das heißt, das "transzendentale Sprachspiel" ist - als "regulative Idee" - kein »Wesenszug« oder »Strukturmoment« der faktischen Sprachspiele). Der Begriff "transzendentales Sprachspiel" wäre insofern "bloß problematisch gedacht";[197] er könnte beispielsweise dazu gebraucht werden, um einer Argumentationstheorie, die betont normative Absichten verfolgt, eine "heuristische Fiktion"[198] vorzugeben, an der sie sich im Prozeß ihrer detaillierten Ausarbeitung orientieren kann. Sofern Apel aber darüberhinaus dennoch auf die »reale« Existenzweise des "transzendentalen Sprachspiels" verweisen möchte (indem er vielleicht abermals anführen würde, daß der Philosoph doch "prinzipiell mit **allen** Sprachspielen kommunizieren kann",[199]) würde er sich einer "transzendentalen Subreption"[200] schuldig machen; das heißt, er

194) Kant, *KdU*, AA V, S. 342.

195) Ebenda, (Hervorhebung im Original).
Vgl. *KrV*, A 565f. / B 593f.

196) Siehe zum Beispiel K.-O. Apel, *Transformation der Philosophie*, Bd. 2, a.a.O., S. 162.

197) Kant, *KrV*, A 771 / B 799.

198) Siehe ebenda.

199) K.-O. Apel, *Transformation der Philosophie*, Bd. 2, a.a.O., S. 162 (Hervorhebung im Original).

200) Siehe Kant, *KrV*, A 509 / B 537.

würde fälschlicherweise "einer Idee, welche bloß zur Regel dient, objektive Realität"[201] beimessen.

Wollen wir also die Frage, ob die Benennung "**transzendentales** Sprachspiel" der Sache angemessen ist, abschließend beantworten, so müssen und dürfen wir mit Kant wohl einräumen, daß es zwar durchaus "erlaubt" ist, ein solches "transzendentales Objekt, von dem man übrigens nichts weiß, zuzulassen"[202] - um es aber "als ein durch seine unterscheidenden und inneren Prädikate bestimmbares Ding zu denken, [haben; Th.G.] wir weder Gründe der Möglichkeit [...], noch die mindeste Rechtfertigung, einen solchen Gegenstand anzunehmen".[203] Kurz: Wir müssen daran festhalten, daß das transzendentale Sprachspiel doch nichts anderes als "ein bloßes Gedankending"[204] ist.

Um die Sprachspiele zum Gegenstand transzendentalphilosophischer Untersuchungen machen zu können, genügt es also offenbar nicht, mit Apel lediglich darauf zu verweisen, daß wir die Sprachspiele selbst (oder auch die ihnen immanenten Geltungsansprüche oder Regeln) jederzeit zum **Thema** unseres Sprechens machen können, oder sie vielleicht gar - sofern wir über sie **als** Sprachspiele (respektive Geltungsansprüche oder Regeln) reden wollen - (trivialerweise) zum Thema machen müssen. Nicht nur für den Versuch, die Sprachspiele als Modelle von Geltungsansprüchen einzusetzen, ist es nämlich erforderlich, in einem ersten Schritt Invarianten oder eine Struktur der Geltungsansprüche zu fixieren, sondern jegliche Form von Transzendentalphilosophie muß in der Lage sein, an ihrem jeweiligen "Untersuchungsgegenstand" Gemeinsamkeiten festzustellen, da ansonsten die "transzen-

201) Kant, *KrV*, A 509 / B 537.
202) Ebenda, A 565 / B 593.
203) Ebenda, A 565f. / 593f.
204) Ebenda, A 566 / B 594.

dentale Prozedur"[205] gar nicht erst beginnen kann. Ein Thema aber (wie etwa das der Geltungsansprüche), das wir zugegebenermaßen jederzeit "anschneiden" können, ist allein aufgrund seiner ständigen **Thematisierungsmöglichkeit** noch nichts, was allen Sprachspielen als Gemeinsamkeit oder gar als Invariante zukommt.

Wenn es somit als nicht gerechtfertigt erscheint, ein "**transzendentales** Sprachspiel" zu postulieren, dann sind nun alle vorgeschlagenen Möglichkeiten ausgeräumt, die es erlauben könnten, die Sprachspiele in die Transzendentalphilosophie zu integrieren. Weder kann ein besonderes Sprachspiel eine den Kantischen Kategorien analoge Funktion übernehmen und damit a priori für alle (anderen) Sprachspiele gelten, noch können die Sprachspiele »direkt« transzendentalphilosophisch untersucht werden, noch auch können sie schließlich als Modell für die Geltungsansprüche betrachtet werden - sie sind ja, wie wir gesehen haben, geradezu Konstruktionen zur Relativierung und endlosen Differenzierung von Geltungsansprüchen. Mit den Sprachspielen läßt sich also keine Transzendentalphilosophie betreiben, solange man keine Typologie der darin (möglicherweise) zum Ausdruck kommenden Geltungsansprüche erstellen kann.

Die Frage, ob eine derartige Typologie überhaupt möglich ist, konnte bisher weder bejaht noch endgültig verneint werden. Angesichts der Intentionen Wittgensteins aber (die ihre Fortsetzung in den oftmals überaus einfallsreichen Bemühungen der Wittgensteinianer finden), stets **neue Fälle** zu suchen, die sich den eventuell vorgeschlagenen Ordnungs-Schemata nicht fügen, spricht allerdings sehr viel dafür, daß der Aufwand und die Anstrengungen für eine solche Typologie den zu

---

205) Für Roderick Chisholm beispielsweise, von dem ich die Wendung "transzendentale Prozedur" übernommen habe, beginnt "a »transcendental procedure«" damit, daß man "first notes certain general features of a given subject-matter". (R. Chisholm, *What is a Transcendental Argument?*, in: Neue Hefte für Philosophie, Heft 14 / 1978, S. 19-22, loc.cit. S. 19).

erwartenden Nutzen übersteigt (zumal solche Typisierungen entweder in die Sprechakt-Theorie münden[206] und / oder allenfalls auf die gleiche Klassifizierung hinauslaufen, die bereits in der Kantischen Einteilung der **Urteile** in die Trias von Erkenntnis-, sowie moralischen und ästhetischen Urteilen angelegt ist.[207] Wenn man aber nicht mehr als das **Wort** "Urteil" durch das **Wort** "Sprachspiel" ersetzt, und dann auch nur zwischen einem »Wissenschaftssprachspiel«, einem »ethischen« und einem »ästhetischen Sprachspiel« unterschieden werden kann, sollte man für transzendentalphilosophische Fragestellungen wohl besser gleich bei den Urteilen bleiben - und zwar nicht zuletzt deswegen, weil der Terminus "Urteil" (anders als der Spielbegriff) deutlich auf die Legitimierungsbedürftigkeit verweist; aber auch deswegen, weil das "Künsteln" neuer Wörter, sofern damit nicht eine neue begriffliche Unterscheidung einhergeht, nach Kant eine "kindische Bemühung"[208] genannt werden darf).

Am Ende unserer Untersuchung der transzendentalpragmatischen Bemühungen angelangt, müssen wir also konstatieren, daß auch dieser

---

206) Und dort werden, wie bereits erwähnt (siehe oben, S. 96f.) von Austin gleichfalls größere "**Familien**" verwandter und einander überlappender "Sprechakte" (J. Austin, *Zur Theorie der Sprechakte (How to do things with words)*, a.a.O., S. 162; Hervorhebung im Original) angenommen. Austins Anlauf zu der Typologisierung der Sprachspiele genügt aber, wie J. Habermas bemerkt (*Theorie des kommunikativen Handelns*, Bd. 1, a.a.O., S. 428), "den Forderungen der Distinktheit und der Disjunktivität nicht".

207) So etwa die Habermassche (an Bühlers Sprachfunktionen angelehnte) Unterscheidung von konstativen, regulativen (normativen) und expressiven Sprechhandlungen.

208) Kant, *KpV*, AA V, S. 10.
Der vollständige Satz bei Kant lautet: "Neue Worte zu künsteln, wo die Sprache schon an Ausdrücken für gegeben Begriffe keinen Mangel hat, ist eine kindische Bemühung, sich unter der Menge, wenn nicht durch neue und wahre Gedanken, doch durch einen neuen Lappen auf dem alten Kleide auszuzeichnen." Selbstverständlich sind Sprachspiele und Urteile keine Synonyma; das oben Gesagte bezieht sich nur auf Typologisierungsbemühungen in transzendentalphilosophischer Absicht.

- gegenüber transzendentalhermeneutischen Ansätzen zunächst als vielversprechender eingeschätzte - Versuch, eine Ausweitung der Transzendentalphilosophie auf den Weg zu bringen, als gescheitert angesehen werden muß. Durch die Arbeit am Letztbegründungsprogramm haben sowohl Karl-Otto Apel als auch Wolfgang Kuhlmann den **kritischen Grundzug** der Transzendentalphilosophie, die **Kritik**, vernachlässigt.[209]

Zu den vordringlichsten Aufgaben der Kritik gehört es zunächst, "das gesamte menschliche Erkenntnisvermögen zu **zergliedern**"[210] oder (in einer Sprache, die nun keinesfalls dem Psychologismus-Verdacht ausgesetzt werden kann) eine "Dissoziation" oder "Entflechtung" der Regelsysteme[211] vorzunehmen. Daran anschließend kann sie dann mit der "prüfenden und musternden Durchsuchung"[212] dieser Regelsysteme beginnen. Weil auch diese Durchsuchung vor allem dazu dient, Untaugliches auszusondern, weil die Kritik also jeder inhaltlichen Be-

---

209) Dem hier von mir indirekt behaupteten Gegensatz von Kritik und Letztbegründung werden viele Autoren ihre Zustimmung versagen.
Es sei einerseits auf die (moderate) Position Wolfgang Beckers verwiesen, der (wohl in Anspielung auf Kant, *KrV*, A 761 / B 789) eine Bedingung dafür formuliert, daß "Kritik als Letztbegründung verstanden werden kann": es muß sich "um **Grenzen** und **nicht bloß** um **Schranken** der Vernunft handeln". (*Kritik und Begründung in transzendentaler Argumentation*, in: Kant-Studien, 76. Jg. 1985, S. 170-195, loc.cit. S. 182; Hervorhebung im Original).
Andererseits sei die (extreme) Auffassung Werner Flachs zitiert: "»Kritik« bezeichnet [...] die Wissenschaft der Letztbegründung, insofern und insoweit, als sie Entwurf, als sie Idee ist". (*Transzendentalphilosophie und Kritik. Zur Bestimmung des Verhältnisses der Titelbegriffe der Kantischen Philosophie*, in: *Tradition und Kritik*, Festschrift für Rudolf Zocher zum 80. Geburtstag, Stuttgart-Bad Cannstatt (Frommann/Holzboog) 1967, S. 69-83, loc.cit. S. 77).

210) Kant, *Logik*, AA IX, S. 32 (Hervorhebung Th.G.).

211) Siehe J.F. Lyotard, *Der Widerstreit*, a.a.O., S. 12.
Die **bloße** "Dissoziation" oder "Entflechtung" der Regelsysteme scheint allerdings - weil der bei der Kantischen Formulierung mitschwingende Aspekt des Gliederns fehlt - zur Charakterisierung der Kritik nicht auszureichen.

212) Kant, *KrV*, A 738 / B 766.

stimmung von Regeln nur "**vorübend** (propädeutisch) vorhergeht",[213] liegt in ihr zuallererst ein im wesentlichen bloß »negativer«[214] Nutzen (indem sie uns beispielsweise "von unserer unvermeidlichen Unwissenheit in Ansehung der Dinge an sich selbst belehrt"[215]).

Da die Transzendentalpragmatik jedoch in erster Linie damit beschäftigt ist, **einen** (bestimmten) Anspruch (den des totalen Skeptikers) zurückzuweisen, kommt sie nicht mehr dazu, eine Scheidung verschiedener (Arten von) Geltungsansprüche(n) in Betracht zu ziehen. Ja, vielleicht kann man darüberhinaus sogar sagen, daß die Vertreter der Transzendentalpragmatik so sehr auf die Etablierung von **Geltung** fixiert sind, daß sie die Prüfung von **Geltungsansprüchen** (überhaupt) vernachlässigt haben: Ihr Bestreben, »positive« Regeln der Vernunft zu setzen, hat sie dazu verleitet, auf den im Falle der Transzendentalphilosophie erforderlichen Umweg zu verzichten; auf einen Weg, der sich zunächst auf die Geltungsansprüche konzentrieren muß. Die transzendentalpragmatische Argumentation gleicht eher einem "dogmatischen Einwurf" gegen den Skeptiker (denn dieser Einwurf ist "wider einen **Satz**"[216] gerichtet) als einem wahrhaft "kritischen Einwurf" (der "wider den **Beweis** eines Satzes gerichtet ist" und nur zeigt, "daß die Behauptung grundlos, nicht, daß sie unrichtig sei"[217]).

---

213) Kant, *KrV*, A 850 / B 878 (Hervorhebung im Original).

214) Martin Heidegger dagegen sieht den "Sinn des Wortes »Kritik«" als "so wenig negativ, daß er das Positivste des Positiven meint, die Setzung desjenigen, was bei aller Setzung als das Bestimmende und Entscheidende im voraus gesetzt werden muß. So ist Kritik Entscheidung in diesem setzenden Sinn. Erst in der Folge, weil Kritik Absonderung und Heraushebung des Besonderen, Ungemeinen und zugleich Maßgebenden ist, ist sie auch Zurückweisung des Gewöhnlichen und Ungemäßen" (*Die Frage nach dem Ding*, a.a.O., S. 93).
Allein schon weil "Entscheidung" und "Absonderung" stets auf Vorliegendes bezogen sein muß, scheint mir diese Auffassung Heideggers nicht zustimmungsfähig zu sein.

215) Kant, *KrV*, B XXIX.

216) Kant, *KrV*, A 388 (Hervorhebung im Original).

217) Ebenda (Hervorhebung im Original).

Ob eine Behauptung wahr ist (oder nicht), ob eine Aufforderung (moralisch) verpflichtend ist (oder nicht), ob jemand mit der Einschätzung eines Kunstwerks "Geschmack bewiesen" hat (oder nicht) und ob jemand etwas richtig verstanden hat (oder nicht) - alle solchen Fragen sind **keine** Fragen, die innerhalb der Transzendentalphilosophie angegangen werden können. Insofern geht es also nicht darum, zu untersuchen, ob ein Satz, ein Urteil oder gar ein Sprachspiel Gültigkeit besitzt. Hier geht es vielmehr in erster Linie um Fragen danach, was es eigentlich heißt, eine Behauptung aufzustellen, eine (moralische) Aufforderung an jemand zu richten, ein Kulturprodukt zu beurteilen oder (um in diesem Fall zwei Beispiele zu geben) einen Text richtig zu interpretieren oder die Handlung eines Politikers nach ihrer historischen Angemessenheit zu billigen. Und im Anschluß an diese Fragen, sollte sich aus deren Beantwortung etwas über die **jeweiligen** Bedingungen der Gültigkeit von Behauptungen, Aufforderungen, etc. in Erfahrung bringen lassen. Doch auch das Benennen dieser Bedingungen führt zu keiner Fundierung der Gültigkeit, und gibt folglich auch keine Gründe für die Wahrheit oder Richtigkeit eines Satzes an die Hand; was hier thematisiert wird, ist vielmehr "**die Beziehung zwischen Grund und Begründung**, das **Begründungsverhältnis**".[218]

Selbst wenn sich die Transzendentalphilosophie auf ihre Aufgabe beschränkt, und nur Geltungsansprüche (eben im Hinblick auf das von ihnen mitbestimmte Begründungsverhältnis) prüft, bleiben erhebliche Probleme bestehen: Zwischen der Szylla einer endlosen Differenzierung von Geltungsansprüchen (wie es die Sprachspiel-Pragmatik in der Nachfolge Wittgensteins zu tun pflegt) und der Charybdis, ausschließlich **einen** Geltungsanspruch eines ausgezeichneten Diskurses

218) M. Riedel, *Begründung und Grundgebung. Zum Verhältnis von Wissenschaft und Philosophie*, in: Volker Gerhard und Norbert Herold (Hrsg.), *Wahrheit und Begründung*, Würzburg (Königshausen & Neumann) 1985, S. 13-26, loc.cit. S. 13 (Hervorhebung im Original).

ins Auge zu fassen (um Geltung überhaupt anzuerkennen und letztzubegründen, wie es die Transzendental-Pragmatik mit Hilfe einer strikt reflexiven Anamnesis zu erreichen hofft), muß die Transzendentalphilosophie den kritischen Weg einschlagen.

Findet sie diesen kritischen Weg nicht, wird sie auch nicht in der Lage sein, den Skeptiker in ernsthafte Schwierigkeiten zu bringen. Der neuzeitliche Skeptizismus - dies kann man schon bei Hume nachlesen[219] - ist nämlich ein differenzierter, auf spezifische Bereiche bezogener Skeptizismus. Das heißt, daß der Skeptiker die (bloße) "Dissoziation" oder "Entflechtung" der Regelsysteme aufgreift und sich zu eigen macht, um entweder die Leistungsfähigkeit eines (bestimmten) Regelsystems zu bezweifeln oder aber mehrere dieser Systeme gegeneinander ausspielen zu können. (Hier sehen wir nun nochmals deutlich, weswegen die bloße[220] "Dissoziation" der Regelsysteme für die Kritik nicht ausreicht; soll die Kritik doch den zwischen den Regelsystemen herrschenden "Krieg"[221] in einen "gesetzlichen" Zustand überführen).

Indem Kant die Transzendentalphilosophie an eine Urteilstheorie angebunden hat, war es ihm allerdings möglich, den (innerhalb des Sprachspiel-Paradigmas zwangsläufig verschütteten) kritischen Weg zu be-

---

219) Neben dem Skeptizismus (Cartesianischer Provenienz), der "**antecedent** to all study and philosophy" (149) ist, gibt es "another species of scepticism, **consequent** to science and enquiry" (150); letzterer läßt sich nun unterscheiden in einen, durch den "our very senses are brought into dispute" (150), einen anderen, der darauf aus ist, "to destroy **reason** by argument and ratiocination" (155), einen weiteren, der "the maxims of common life" (150) dem Zweifel unterwirft und weitere Skeptizismen, die sich auf Religion und Moralität beziehen. (Alle Zitate mit Paginierungsangaben aus: David Hume, *Enquiries Concerning Human Understanding and Concerning the Principles of Morals*, (ed. Selby-Bigge), Oxford (Univ. Press) [3]1975, (Hervorhebungen im Original). Ähnlich bereits in: *A Treatise of Human Nature*, Book I, Part iv, Section 1 and 2.

220) Vgl. oben, S. 154, Anm. 211.

221) Siehe Kant, *KrV*, A 751 / B 779.

schreiten. Nicht nur wegen der - vermeintlich - psychologistischen Implikationen des Urteilsbegriffs,[222] sondern auch (und vor allem) weil in den Urteilen - wiederum vermeintlich - ein bloß kognitiver Zugang zur Welt zum Ausdruck kommt, scheint es gegenwärtig jedoch keine Konjunktur für urteilstheoretische Überlegungen zu geben. Ob damit auch Transzendentalphilosophie (im hier vorgeschlagenen Sinne einer umfassenden Prüfung von Geltungsansprüchen überhaupt) obsolet geworden ist (und folglich allenfalls noch eine Klasse von Argumenten, nicht mehr aber eine ganze philosophische Disziplin "transzendental" genannt werden darf), ist eine Frage, die abschließend einer Beantwortung näher gebracht werden soll, indem nochmals die in der Einleitung genannten Probleme aufgegriffen werden - in der Hoffnung, daß die Problemskizze ein Licht auf die Relevanz transzendentalphilosophischer Fragestellungen werfen mag.

---

222) "**Urteil** ist ein primär psychologischer Begriff. Der entsprechende sprachliche Begriff ist der des **Aussagesatzes**" (Ernst Tugendhat und Ursula Wolf, *Logisch-semantische Propädeutik*, Stuttgart [Reclam RUB 8206] 1983, S. 17; Hervorhebungen im Original).

4. Schluß

Probleme der Transzendentalphilosophie

1. Durch die geforderte Differenzierung verschiedener Geltungsanspruchstypen wird es nicht nur möglich, die Transzendentalphilosophie als ein Instrumentarium zu verstehen, das in der Lage ist, auf die Herausforderung des spezifizierten Skeptizismus in einer angemessenen Weise zu reagieren. Es kann darüber hinaus die oben[1] vertretene These genauer gefaßt werden, daß die Transzendentalphilosophie als Untersuchung von Geltungsansprüchen überhaupt, den von ihr zu prüfenden Anspruch auf Gültigkeit, notwendigerweise auch selbst erheben muß.

Untersucht sie etwa den Geltungsanspruch der ästhetischen Urteile, so sind die von der Transzendentalphilosophie über diesen Urteilstypus getroffenen Aussagen ja offensichtlich nicht wiederum selbst ästhetische Urteile. **Selbstbezüglich ist die Transzendentalphilosophie also lediglich für jenen Urteilstypus, dem ihre eigenen Urteile zugerechnet werden**: Nur für diesen Urteilstypus sind die von der Transzendentalphilosophie erbrachten Urteilsbedingungen auch ihre eigenen Urteilsbedingungen. Die Behauptung, transzendentale Erkenntnis thematisiere, "**indem** sie die Möglichkeit empirischer Erkenntnis untersucht, auch ihre eigene Möglichkeit als gültige Erkenntnis"[2], erscheint

1) Siehe S. 14.

2) W. Becker, *Kritik und Begründung in transzendentaler Argumentation*, a.a.O., S. 190 (Hervorhebung Th.G.).

insofern als zu stark. Sie hat jedoch, da sie die Prüfung von Geltungsansprüchen **überhaupt** zur Aufgabe hat, wohl **auch** ihre eigenen Geltungsansprüche zu thematisieren.

Da es aber eben nur die eigenen Geltungs**ansprüche** sind, die in einem reflexiven Prozeß von der Transzendentalphilosophie zu thematisieren sind, scheint mir die mit der Reflexivität verbundene Gefahr der Zirkularität weitgehend gebannt zu sein. Denn die Validierungsleistung der Transzendentalphilosophie bezieht sich **nicht** auf die **Gültigkeit** von Urteilen. Was sie validieren kann - hier scheint das Wort "validieren" jedoch nur in einem sehr eingeschränkten Sinne angebracht zu sein - ist lediglich die Zulässigkeit der mit dem Urteil erhobenen **Ansprüche**. Insofern hat das transzendentalphilosophische Prüfungsverfahren den Charakter einer (nur) **formalen Prüfung**.

Mit einer reflexiven "Vollendung" der Transzendentalphilosophie geht also keine Selbstfundierung der transzendentalen Argumentation einher, denn Peter Rohs ist recht zu geben, wenn er anmerkt, daß reflexive Argumente "nicht zu dem für einen allgemeinen Wissensbegriff maßgeblichen Begriff von Fundierung führen [... können; Th.G.] - auch nicht im besonderen Fall des philosophischen Wissens."[3] Aus der Explikation der Geltungsansprüche im Hinblick auf die Bedingungen der Möglichkeit ihrer Erfüllung ergibt sich nämlich nicht schon zugleich die Erfüllung dieser Ansprüche (die Geltung der transzendentalphilosophischen Sätze oder Argumente). Folglich ist auch der nach dem Reflexivitätspostulat zu fordernde "Schlußstein" der transzendentalphilosophischen Argumentation - das Explizieren der der Transzendentalphilosophie eigenen Bedingungen der Möglichkeit - weder in der

3) P. Rohs, *Philosophie als Selbsterhellung von Vernunft*, in: *Philosophie und Begründung*, hrsg. vom Forum für Philosophie Bad Homburg, a.a.O., S. 363-390, loc.cit. S. 370.

Lage, »Geltungsfundamente« zu legen, noch erscheint es sinnvoll, derartiges von der Transzendentalphilosophie zu fordern: Da die Transzendentalphilosophie nicht die **Geltung** von anderen Sätzen sichert, braucht sie auch nicht die **Geltung** ihrer eigenen Sätze zu sichern. Das heißt, es kann innerhalb der transzendentalphilosophischen Untersuchung durchaus offen bleiben, ob sie die von ihr selbst erhobenen Ansprüche auch **tatsächlich erfüllt**. Die Transzendentalphilosophie ist bereits dann reflexiv, wenn sie ihre eigenen Erfüllungs**bedingungen** expliziert.

Die Transzendentalphilosophie dient also nicht unmittelbar der »Geltungsschöpfung« - sie ist vielmehr einem (in der Regel abstrakten) Normenkontrollverfahren vergleichbar, mit dem Usurpationen schon im Vorfeld verhindert werden sollen.

2. Zweifelhaft bleibt weiterhin, ob die Transzendentalphilosophie eine **Theorie der Geltungsansprüche** zur Voraussetzung hat oder ob sie selbst eine derartige Theorie darstellen soll. Abgesehen von den in der Einleitung[4] genannten Bedenken, spricht gegen eine derartige Theorie im Rahmen der Transzendentalphilosophie, daß letztere die Prüfung von Geltungsansprüchen **überhaupt**, **nicht** aber die Prüfung **aller** Geltungsansprüche zur Aufgabe hat.

Das Wörtchen "überhaupt" schränkt die zu prüfenden Geltungsansprüche auf besonders wichtige oder musterhafte Geltungsansprüche ein. Ganz in diesem Sinne gibt es - folgt man Kant - eine bemerkenswerte Bedingung dafür, ob Geltungsansprüche einer transzendentalphilosophischen Prüfung unterzogen werden: es muß ein **Anspruch auf universelle Geltung** erhoben werden.

---

4) Siehe oben, S. 16f.

So war es für Kant beispielsweise von vordringlichster Wichtigkeit, daß man sich zuallererst "völlig" davon überzeugt,[5] daß etwa mit den Geschmacksurteilen auch tatsächlich dieser Anspruch auf (universelle und nicht bloß generelle) Allgemeingültigkeit erhoben wird, damit dieser Urteilstypus zu einer "Merkwürdigkeit [...] für den Transcendental-Philosophen"[6] werden kann. Auf "die Sicherstellung dieses empirischen Befundes"[7] legt Kant ein "ungewöhnliches Gewicht"[8]. (Fällt dieser Befund negativ aus - wie etwa bei den "Privaturteilen" des Sinnen-Geschmacks -, so kann der betreffende Urteilstypus auch nicht zum transzendentalphilosophischen Thema werden. Oder, um einen Bezug zur Thematik der ersten »Kritik« herzustellen: Die Transformation der Wahrnehmungsurteile in Erkenntnisurteile ist zunächst **nur** eine Verschärfung des mit dem Urteil verbundenen **Anspruchs**; erst diese Verschärfung des Anspruchs ruft die Transzendentalphilosophie auf den Plan. Im übrigen steht oder fällt die Widerlegung des Humeschen Skeptizismus mit der Frage, ob dieser **Anspruch** überhaupt einlösbar ist oder nicht.)

Folgen wir postmodernen Vorschlägen, und betrachten den "Untergang, und vielleicht sogar Zerfall, der Idee der Universalität"[9] als etwas, das "das Denken und das Leben von der Obsession der Totalität befreien"[10] kann, so hat die Transzendentalphilosophie in der Tat aus-

---

5) Kant, *KdU*, AA V, S. 213.

6) Ebenda.

7) Wolfhart Henckmann, *Über das Moment der Allgemeingültigkeit des ästhetischen Urteils in Kants »Kritik der Urteilskraft«*, in: *Proceedings of the Third International Kant Congress (1970)*, ed. by Lewis White Beck, Dordrecht (Reidel) 1972, S. 295-306, loc.cit. S. 299.

8) Ebenda.

9) J.F. Lyotard, *Grabmal des Intellektuellen*, in: ders., *Grabmal des Intellektuellen*, a.a.O., S. 9-19, loc.cit. S. 18.

10) Ebenda.

gedient; für sie gibt es dann nämlich keinen Bedarf mehr, da sie ihrer (quasi-)empirischen Voraussetzung verlustig gegangen ist. Universelle Geltungsansprüche müssen erst einmal erhoben werden, damit die transzendentalphilosophische Legitimitätsprüfung dieser Ansprüche beginnen kann.

3. Sofern es ausschließlich um die Legitimitätsprüfung von Geltungsansprüchen geht, läßt sich mit der Transzendentalphilosophie keine Geltung, sondern stets nur die **Möglichkeit von Geltung** (der Sätze eines Urteilstyps) etablieren.

Wird die Möglichkeit der Geltung der Sätze eines Urteilstyps nachgewiesen, so geht damit die Explikation der Bedingungen einher, deren Erfüllung die Möglichkeit der Geltung gewährleistet. Durch diese Bedingungen erhält man aber nur ein kritisches Mittel, um Geltungs**ansprüche** zurückweisen zu können; die (materiale) Geltung eines Satzes wird dadurch **in keiner Weise** tangiert. (Mit Hilfe der transzendentalphilosophischen Argumente würde man beispielsweise nur zurückweisen können, daß das Bestehen eines Sachverhalts **behauptet** werden darf oder kann, weil die mit einer Behauptung übernommenen Begründungspflichten nicht erfüllt werden können. So kann es ja durchaus sein, daß ein Satz nicht die Bedingungen erfüllt, die wir für die Erkenntnisurteile ausmachen konnten, daß er aber den weniger scharfen Bedingungen von Wahrnehmungsurteilen genügt. Auch wenn der betreffende Satz dann nicht mehr "wahr" genannt werden kann (oder sollte) - weil wir der Konvention folgen, die das Prädikat "wahr" zur Kennzeichnung von (material) gültigen Erkenntnisurteilen reserviert hat - so kann er doch auf andere Weise "richtig" sein oder "gelten". Man kann dann, wie dies Kant beispielsweise mit dem Satz: "Gott existiert." tat, Urteile anderen »Diskurs-« oder Urteilsklassen zuweisen. Der Beispielsatz hat, wenn wir ihn mit den von der Transzendentalphilosophie erbrachten Bedingungen konfrontieren, etwa **als Erkenntnisurteil** keine Geltungsmöglichkeit, wohl aber besteht die Möglichkeit, daß er im Zusammenhang von **moralischen** Argumentationen Geltung hat.)

Die Transzendentalphilosophie gibt also in einem ersten Schritt **eine Typologie von Akzeptanzgründen für Urteile** an die Hand. Der zweite Schritt besteht in der **Explikation derjenigen Leistungen, die zu der Erfüllung dieser Akzeptanzgründe erforderlich sind**. Diese Leistungen müssen von uns (Menschen) erbracht werden können, sonst wären jedenfalls diese Bedingungen für den untersuchten Urteilstypus keine Bedingungen der Möglichkeit.

4. Teilt man die im Verlauf dieser Arbeit entwickelte Auffassung über transzendentalphilosophische Untersuchungen, dann läßt sich nun auch die in der Einleitung skizzierte Position präzisieren, daß die Transzendentalphilosophie an der "konstituierenden Versammlung" teilnimmt, die die Rechts- und Prozeßordnung erläßt.[11]

In einer verfassungsgebenden Versammlung, so dürfen wir annehmen, wird nicht etwa eine gewaltsame, sondern eine argumentationsbemühte und konsensorientierte Auseinandersetzung geführt. Außerdem sind die dort gemachten Vorschläge für die zu etablierende Ordnung selbst bereits - zumindest fragmentarisch - geordnet. Der Transzendentalphilosophie kommt nun die Rolle des Koordinators der unterbreiteten Vorschläge zu. Damit nimmt sie zwar eine herausragende Stellung (die des Chairman) ein; sie ist aber nicht ein Diktator einer zukünftigen Ordnung.

Das Bild des Koordinators (oder Chairman) der konstituierenden Versammlung soll insbesondere verdeutlichen, daß sich die Transzenden-

11) Siehe oben, S. 20.

talphilosophie bei den ihr vorgelegten Streitfällen zwischen unterschiedlichen Satzsystemen oder Urteilsklassen auf vorgegebene Ordnung(en) zu beziehen hat. Ferner ist auch dieser Streit zwischen divergenten Satzsystemen nur argumentations**bemüht** (und nicht schon argumentativ), weil deren diskursive Vermittlung nur unzureichend gewährleistet ist. (Man denke etwa an den Streit zwischen unterschiedlichen wissenschaftlichen Satzsystemen, den »Streit der Fakultäten«.) Der Transzendentalphilosophie fällt die Aufgabe zu, hier zu vermitteln - durchaus in ähnlicher Weise, wie der Richter zwischen streitenden Parteien zu vermitteln hat. Da allerdings kein schriftlich fixierter, positiver Kodex vorliegt, der die Vermittlung leiten (und durch Macht »legitimieren« oder sichern) könnte, scheint die Metapher vom Koordinator angemessener zu sein; alle Beteiligten müssen sich in dessen Vorschlägen zur Vereinheitlichung der Ordnung wiederfinden können.

Um diese Vereinheitlichung der Ordnung herbeiführen zu können, bleibt der Transzendentalphilosophie nur die Möglichkeit, auf jene Leistungen zurückzugreifen, durch die die jeweiligen Satzsysteme erzeugt worden sind. Diese Leistungen sind Vernunftleistungen, weil hierbei Prinzipien (allgemeine Regeln) in Anschlag gebracht werden. Dabei kann der "Wettstreit"[12] dieser Satzsysteme untereinander von der Transzendentalphilosophie nur insoweit entschieden werden, als die streitenden Parteien sich ihren eigenen Regeln verpflichtet wissen. (Wer am Bild des Richters festhalten will, sollte sich also den orientalischen »weisen« Richter - vielleicht Lessings Nathan oder Salomon - vor Augen führen.)

12) Kant, *KrV*, A 425 / B 453.

Transzendentalphilosophische Untersuchungen stellen somit keinen Geltungsbescheid aus; sie machen nur die **Regeln oder Prinzipien explizit** und achten auf deren (konsequente) Einhaltung.

5. Aus dem bisher Gesagten wird deutlich, daß die der transzendentalphilosophischen Kritik aufgegebene Unterscheidung verschiedener Arten von universalen Geltungsansprüchen in gewisser Weise von der Lebenswelt oder von den Wissenschaften »immer schon« vorgegeben wird. Dennoch wird die Differenzierung der Satzsysteme durch die Prüfung der Geltungsansprüche schärfer und klarer gefaßt, als dies ohne die Transzendentalphilosophie der Fall wäre. (Um nochmals das Bild der konstituierenden Versammlung zu verwenden: Es sollen schließlich keine Kompetenzstreitigkeiten zwischen den Verfassungsorganen institutionalisiert werden. Diese können erst durch eine deutliche "Absonderung" der Zuständigkeiten zu einer systemischen Einheit verbunden werden. Während die einzelnen Teilnehmer "sonst nur mit der distributiven Einheit beschäftigt sind",[13] hat ihre Zusammenkunft in der verfassungsgebenden Versammlung "eine gewisse kollektive Einheit zum Ziele".[14])

Die angestrebte Klassifikation der Geltungsansprüche läßt sich aus den verschiedenen Leistungen entwickeln, die zur Akzeptanz des jeweiligen Anspruchs erforderlich sind.

6. Ebensowenig wie Kant Zweifel daran zuläßt, daß "alle unsere Erkenntnis mit der Erfahrung anfange",[15] kann ein Zweifel daran zugelassen werden, daß auch die Transzendentalphilosophie mit einer Erfahrung anfängt - nämlich **der Erfahrung, daß universelle Geltungs-**

13) Kant, *KrV*, A 644/B 672.

14) Ebenda.

15) Kant, *KrV*, B 1.

ansprüche erhoben werden. Da aber nicht zu allen Zeiten für alle Urteilsarten solche Ansprüche erhoben werden, ist die Transzendentalphilosophie im Hinblick darauf, welche Geltungsansprüche ihr zur Prüfung vorgelegt werden, selbst unter Umständen einem historischen Wandel unterworfen. Die Probleme der gegenwärtigen Transzendentalphilosophie "sind unsere Probleme, nicht die möglicher zukünftiger Wesen"[16] - und es sind auch nicht unbedingt dieselben Probleme, der sich die Transzendentalphilosophie in der Vergangenheit hat zuwenden müssen. (Wenn Pierre Bourdieu mit seiner Meinung recht haben würde, daß ästhetische Urteile in der Gegenwart nicht mehr jedermann "angesonnen" werden, sondern sich nur an eine jeweils besondere Gruppe wenden, und damit vor allem zur Unterscheidung gesellschaftlicher Schichten oder Klassen dienen,[17] dann bräuchte Kant heute den ersten Teil der dritten »Kritik« nicht mehr zu schreiben.)

Die oben geforderte[18] Distinktion zwischen Empirischem und Transzendentalem, die eine logische Abhängigkeit der Transzendentalphilosophie von der Empirie ausschließen soll, wird dadurch nicht verhindert. Dies läßt sich nochmals verdeutlichen, wenn man bedenkt, daß die Sätze der Transzendentalphilosophie entweder Modalurteile sind oder doch auf solchen basieren (wenn sie die Bedingungen der Möglichkeit konstatieren): Die Möglichkeit wird nicht von der Empirie abgeleitet.[19]

---

16) Ross Harrison, *Zeitlose Notwendigkeit des Denkens*, in: E. Schaper und W. Vossenkuhl (Hrsg.), *Bedingungen der Möglichkeit. [...]*, a.a.O., S. 42-56, loc.cit. S. 56.

17) Siehe: Pierre Bourdieu, *Die feinen Unterschiede*, Frankfurt/M. (Suhrkamp) [3]1984.

18) Siehe oben, S. 23f.

19) Das hier verhandelte Problem wird von Kant unter anderem in der Reflexion 4247 (AA XVII, S. 480) erörtert. Dort heißt es: "So ist also die Moglichkeit

7. Geht es der Transzendentalphilosophie um die Bedingungen der Möglichkeit der Erfüllung von verschiedenen universalen Geltungsansprüchen, so fragt sie danach, worauf die Berechtigung des Fürrichtighaltens von Sätzen oder Urteilen (bestimmter Satztypen oder Urteilsarten) beruhen kann, beruht oder beruhen muß. Aus der Antwort auf diese Frage lassen sich in der Regel keine »Verifikationskriterien«[20] für die jeweiligen Urteile gewinnen. (Es wäre beispielsweise absurd, jemanden aufzufordern, er müsse sein Erkenntnis- oder Erfahrungsurteil nur »unter die Kategorien bringen«, um es wahr werden zu lassen.)

Während aber die Kategorien zumindest als **diskursive** Voraussetzungen von Erkenntnisurteilen angesehen werden können und damit als "Gedankenformen"[21] Regelcharakter haben und mehr oder weniger direkt auf diese Urteile bezogen bleiben, taucht im Falle von Kants transzendentalphilosophischer Untersuchung der ästhetischen Urteile ein Aspekt auf, der die Problematik der fehlenden »Verifikationskriterien« verschärft; kommt doch dort einer **anthropologischen** Voraussetzung[22] - nämlich der Harmonie des oberen Erkenntnisvermögens - die Rolle des Anspruchsgaranten auf treffliche Geschmacksurteile zu. Auf diese Weise wird das legitimatorische Potential der Transzendentalphi-

[sic!] kein abgeleiteter Begriff, nicht von der Wirklichkeit dieses Dinges, sondern von der Wirklichkeit, welche die erste data zu Dingen überhaupt enthalt [sic!]. In allen beschränkten Dingen geht die Moglichkeit [sic!] (ihr Begriff) vor der Wirklichkeit vorher [...]".

20) Zu verifizieren - im engeren Sinn - sind eigentlich nur Erkenntnisurteile; da aber kein Terminus für den entsprechenden Vorgang bei den moralischen und ästhetischen Urteilen zur Verfügung steht, sei »Verifikationskriterium« hier in einem sehr weiten Sinne verstanden.

21) Kant, *Nachträge*, AA XXIII, S. 35.

22) Kant spricht von "den subjectiven Bedingungen des Gebrauchs der Urtheilskraft überhaupt" als demjenigen Subjektiven, "welches man in allen Menschen [...] voraussetzen kann". (*KdU*, AA V, S. 290 (§ 38)).

losophie ein weiteres Mal eingeschränkt. (Anders als im Falle der Kategorien, deren »Existenz« als Formen des Behauptens kaum angezweifelt werden dürfte und die sich auch in anderer als der Kantischen Terminologie rekonstruieren lassen, bleibt sowohl fraglich, ob es wirklich ein "freies Zusammenspiel" der Einbildungskraft mit dem Verstand gibt, als auch, was man sich unter diesem Zusammenspiel denn eigentlich vorzustellen habe.) Der Schwerpunkt der Transzendentalphilosophie verlagert sich damit auf die »bloße« kritische (Aus-)-Differenzierung des mit diesen Urteilen tatsächlich oder »eigentlich« erhobenen Geltungsanspruchs,[23] auf die Frage danach, wie denn der universale Geltungsanspruch beschaffen sein muß, damit er auch einlösbar ist.

Für den Versuch einer Ausweitung der Transzendentalphilosophie hat dies insofern Auswirkungen, als zu erwarten ist, daß eine »Kritik der historischen Vernunft« ähnliche Ergebnisse erbringen würde, wie sie die »Geschmackskritik« erbracht hat.[24] (Im Falle jener Urteile, die eine hermeneutische Verstehensleistung im engeren Sinn zum Ausdruck bringen, scheint es mir wahrscheinlich, daß sich der schon in der *Kritik der Urteilskraft* so bedeutsame "sensus communis" als dasjenige erweisen wird, worauf die Berechtigung deren Fürwahrhaltens beruht. Im Falle derjenigen Urteile hingegen, die die historische Angemessenheit von politischen Handlungen (die "soziale und geschichtliche Welt" im Sinne Diltheys) zum Gegenstand haben, scheint mir so

23) Unmittelbar vor der "Deduction der Geschmacksurtheile" (§ 38) fragt Kant danach, was "eigentlich in einem Geschmacksurtheile von einem Gegenstand a priori **behauptet**" (§ 37) wird (*KdU*, AA V, S. 289; Hervorhebung Th.G.).

24) Die Nähe der *Kritik der Urteilskraft* zur politischen Philosophie wurde beispielsweise besonders betont von Hannah Arendt, *Lectures on Kant's political philosophy*, (ed. Ronald Beiner) Chicago (Univ. Press) 1982.

etwas wie die mit dem Gedanken der Polis verbundene Sittlichkeit[25] zur transzendentalen Voraussetzung gemacht werden zu müssen.[26] Als, wenn man so will, »Postulate des hermeneutischen Denkens« ergäben sich damit in beiden Fällen kulturell-anthropologische Voraussetzungen.)

Ebensowenig wie irgendeine andere Form von transzendentalphilosophischer Prüfung die jeweils zu ihrem Untersuchungsbereich gehörenden Urteile »sicherer« machen kann, würden also die hermeneutischen Urteile durch eine »Kritik der historischen Vernunft« »sicherer« gemacht werden können. Akzeptiert man die unterstellte Parallele der hermeneutischen mit den ästhetischen Urteilen, so ließe sich - wie ein Blick auf Kant lehrt - nicht einmal der Anspruch der »hermeneutischen Wissenschaften« auf Wissenschaftlichkeit durch die Transzendentalphilosophie gewährleisten. Denn obgleich er den Anspruch der ästhetischen Urteile auf Allgemeingültigkeit verteidigt hat, so hat sich Kant dennoch gegen den Versuch Baumgartens gewehrt, die Regeln für die kritische Beurteilung des Schönen "zur Wissenschaft zu erheben".[27] (Ein berechtigter Anspruch auf Allgemeingültigkeit ist eine notwendige, aber noch keine hinreichende Bedingung für die Wissenschaftlichkeit von Sätzen.) Anders als im Falle der ersten und zweiten gibt die Transzendentalphilosophie der dritten (und, so ist anzunehmen, der

25) Gemeint ist die Vorstellung von "in unmittelbarer Polissittlichkeit" (M. Forschner, *Naturzustand und Geschichte bei J.-J. Rousseau*, in der von Rupert Hofmann, Jörg Jantzen und Henning Ottmann herausgegebenen *Festschrift für Helmut Kuhn*, Weinheim (VCH) 1989, S. 5-21, loc.cit. S. 14) lebenden Bürgern, wobei ich Sittlichkeit hier im - über das »bloß« Moralische hinausgehenden - Sinne eines internalisierten kulturellen Konsenses über das soziale (politische, ökonomische) Handeln verstanden wissen möchte.

26) Zur Rolle, die der "sensus communis" auch in diesem Fall spielen würde, siehe H.-G. Gadamer, *Wahrheit und Methode*, a.a.O., S. 16-27.

27) Kant, *KrV*, A 21/B 35 Anm. Vgl. *KdU*, AA V, S. 285f.

noch zu schreibenden vierten) »Kritik« nur **eine Typologie von Akzeptanz-»gründen«**; die Explikation der Leistungen, die zu deren Erfüllung erforderlich sind, vermag sie nicht mehr zu erbringen, wenn wir hierunter die Erfüllung von Regeln verstehen.

Anders ausgedrückt, kann man auch sagen: Gegenstand einer »Kritik der historischen Vernunft« wären jene Sätze und Urteile, die die **Sinnhaftigkeit** unseres Sprechens und Handelns thematisieren. Eine Transzendentalphilosophie, die sich auf die (Aus-)Differenzierung von universalen Geltungsansprüchen konzentriert, wird nicht dazu in der Lage sein, sinnhaftes von sinnlosem Reden zu scheiden; sie kann nur Klarheit darüber bringen, worauf die Berechtigung eines mit solchen Sätzen verbundenen Anspruchs beruhen mag - sofern es sich um einen Allgemeingültigkeitsanspruch handelt.

Wenn aber Transzendentalphilosophie davon abhängig ist, daß universelle Geltungsansprüche erhoben werden, scheint die Gegenwart, in der "ein tendenzieller Relativismus [...] ein grundlegendes Prinzip der öffentlichen Meinung [...] darstellt"[28], jedenfalls keine historische Situation zu sein, in der eine Ausweitung des transzendentalphilosophischen Programms als Aufgabe betrachtet werden kann, für die rege Nachfrage zu erwarten ist. Nimmt doch der Relativismus (wenngleich oftmals nur als rhetorisches Mittel) von sich aus Geltungs**ansprüche** zurück. Ja, die Transzendentalphilosophie könnte sogar möglicherweise in gewissen Fällen selbst relativistische Konsequenzen haben oder zumindest dem Relativismus Vorschub leisten; nämlich dann, wenn sie zu Forderungen gelangen würde, die es für bestimmte Urteilsarten verbieten würde, daß dort universelle Geltungsansprüche erhoben wer-

28) V. Hösle, *Begründungsfragen des objektiven Idealismus*, a.a.O., S. 213.

den (weil etwa die Bedingungen von uns Menschen nicht erfüllt werden können).

Somit übt die Transzendentalphilosophie **keine Sinnkritik**, die auf die Ausgrenzung von Diskursen abzielt; denn anders als bei Dogmatikern - etwa den Vertretern des Logischen Empirismus - werden von der Transzendentalphilosophie nicht einmal jene Sätze als »unsinnig« verworfen, deren **Geltungsansprüche** ihrer Prüfung nicht standhielten, geschweige denn Vorbehalte gegen jene Sätze angemeldet, mit denen kein universeller Geltungsanspruch erhoben wird, die also von ihr gar nicht erst geprüft werden. Im Wissen, daß Sätze der letzteren Art besonders häufig sind, ja, daß das »lebensweltliche« Sprechen hauptsächlich aus solchen Sätzen besteht, kann man sogar sagen, daß die Transzendentalphilosophie - von den Reservaten der Geltung aus - den Blick für andere Diskursformen (mit »geringeren« als universellen Ansprüchen) öffnet.

In solche Probleme, in die Wittgenstein am Ende seines *Tractatus* geriet, kommt die Transzendentalphilosophie jedenfalls nicht, da die Transzendentalphilosophie niemanden zum Schweigen bringen will, denn: Wovon man keine universellen Geltungsansprüche erheben kann, darüber muß man noch lange nicht schweigen.

Literaturverzeichnis

ALBERT, Hans: ***Erkenntnis, Sprache und Wirklichkeit***, in: Bernulf Kanitscheider (Hrsg.), *Sprache und Erkenntnis. Festschrift für Gerhard Frey zum 60. Geburtstag*, Innsbruck 1976, S. 39-53

ALBERT, Hans: ***Traktat über kritische Vernunft***, Tübingen (Mohr / Siebeck) [4]1980

APEL, Karl-Otto: ***Das Problem der philosophischen Letztbegründung im Lichte einer transzendentalen Sprachpragmatik***, in: Bernulf Kanitscheider (Hrsg.), *Sprache und Erkenntnis. Festschrift für Gerhard Frey zum 60. Geburtstag*, Innsbruck 1976, S. 55-82

APEL, Karl-Otto: ***Das Problem einer philosophischen Theorie der Rationalitätstypen***, in: Herbert Schnädelbach (Hrsg.), *Rationalität. Philosophische Beiträge*, Frankfurt/M. (Suhrkamp stw 449) 1984, S. 15-31

APEL, Karl-Otto: ***Die Idee der Sprache in der Tradition des Humanismus von Dante bis Vico*** (= Archiv für Begriffsgeschichte, Bd. 8), Bonn (Bouvier) 1963

APEL, Karl-Otto: ***Fallibilismus, Konsenstheorie der Wahrheit und Letztbegründung***, in: Forum für Philosophie Bad Homburg (Hrsg.), *Philosophie und Begründung*, Frankfurt/M. (Suhrkamp stw 673) 1987, S. 116-211

APEL, Karl-Otto: ***Sinnkonstitution und Geltungsrechtfertigung. Heidegger und das Problem der Transzendentalphilosophie***, in: Forum für Philosophie Bad Homburg (Hrsg.), *Martin Heidegger: Innen- und Außenansichten*, Frankfurt/M. (Suhrkamp stw 779) 1989, S. 131-175

APEL, Karl-Otto: ***Transformation der Philosophie***, 2 Bde., Frankfurt/M. (Suhrkamp stw 164 und 165) [2]1981

ARENDT, Hannah: ***Lectures on Kant's Political Philosophy***, (ed. Ronald Beiner), Chicago (Univ. Press) 1982

ARISTOTELES: ***Metaphysik. Schriften zur Ersten Philosophie***, übersetzt und hrsg. von Franz F. Schwarz, Stuttgart (Reclam RUB 7913) 1970

ASCHENBERG, Reinhold: ***Sprachanalyse und Transzendentalphilosophie***, Stuttgart (Klett-Cotta) 1982

AUSTIN, John Langshaw: ***Zur Theorie der Sprechakte (How to do things with Words)***, Stuttgart (Reclam RUB 9396) ^{2}1979

BAKER, Gordon P. und **HACKER**, Peter M.S.: ***Wittgenstein. Meaning and Understanding***, (Essays on the »Philosophical Investigations«, Vol. 1), Oxford (Blackwell) 1983

BÄRTHLEIN, Karl: ***Von der »Transzendentalphilosophie der Alten« zu der Kants***, in: Archiv für Geschichte der Philosophie 1976 (58. Bd.), S. 353-392

BAUM, Manfred: ***Methode, transzendentale***, in: *Historisches Wörterbuch der Philosophie*, hrsg. von Joachim Ritter und Karlfried Gründer, Bd. 5, Darmstadt (Wissenschaftliche Buchgesellschaft) 1980, Sp. 1375-1378

BAUMGARTNER, Hans Michael: ***Zur methodischen Struktur der Transzendentalphilosophie. Bemerkungen zu Rüdiger Bubners Beitrag***, in: Eva Schaper und Wilhelm Vossenkuhl (Hrsg.), *Bedingungen der Möglichkeit. »Transcendental Arguments« und transzendentales Denken*, Stuttgart (Klett-Cotta) 1984, S. 80-87

BECKER, Wolfgang: ***Kritik und Begründung in transzendentaler Argumentation***, in: Kant-Studien 1985 (76. Jg.), S. 170-195

BISCHOFF, Dietrich: ***Wilhelm Diltheys geschichtliche Lebensphilosophie*** (mit Diltheys Kant-Darstellung in seiner letzten Vorlesung über das System der Philosophie als Anhang), Leipzig und Berlin 1935

BITTNER, Rüdiger: ***Transzendental***, in: *Handbuch philosophischer Grundbegriffe*, hrsg. von Hermann Krings u.a., Bd. 5, München 1974, S. 1524-1539

BLASCHE, Siegfried: ***Einleitung***, in: Forum für Philosophie Bad Homburg (Hrsg.), *Martin Heidegger: Innen- und Außenansichten*, Frankfurt/M. (Suhrkamp stw 779) 1989, S. 7-32

BLUMENBERG, Hans: ***Die Sorge geht über den Fluß***, Frankfurt/M. (Suhrkamp Bibliothek 965) 1987

BÖHME, Gernot: ***Kants Begriff der Materie in seiner Schrift »Metaphysische Anfangsgründe der Naturwissenschaft«***, in: ders., *Philosophieren mit Kant. Zur Rekonstruktion der Kantischen Erkenntnis- und Wissenschaftstheorie*, Frankfurt/M. (Suhrkamp stw 642) 1986, S. 173-196

BÖHME, Gernot: ***Wissenschaft - Technik - Gesellschaft. Zehn Semester interdisziplinäres Kolloquium an der THD***, Darmstadt 1984

BOURDIEU, Pierre: ***Die feinen Unterschiede***, Frankfurt/M. (Suhrkamp) [3]1984

BRAUN, Hermann: ***Zum Verhältnis von Hermeneutik und Ontologie***, in: *Hermeneutik und Dialektik*, Bd. 2 (Festschrift für Hans-Georg Gadamer zum 70. Geburtstag), hrsg. von Rüdiger Bubner, Konrad Cramer und Reiner Wiehl, Tübingen (Mohr/Siebeck) 1970, S.201-218

BRUNKHORST, Hauke: ***Der Intellektuelle im Land der Mandarine***, Frankfurt/M. (Suhrkamp es 1403) 1987

BUBNER, Rüdiger: ***Dialektik und Wissenschaft***, Frankfurt/M. (Suhrkamp es 597) [2]1974

BUBNER, Rüdiger: ***Selbstbezüglichkeit als Struktur transzendentaler Argumente***, in: Eva Schaper und Wilhelm Vossenkuhl (Hrsg.), *Bedingungen der Möglichkeit. »Transcendental Arguments« und transzendentales Denken*, Stuttgart (Klett-Cotta) 1984, S. 63-79

CHISHOLM, Roderick: ***What is a Transcendental Argument?***, in: Neue Hefte für Philosophie 1978 (Heft 14), S. 19-22

CHOMSKY, Noam: ***Aspekte der Syntaxtheorie***, Frankfurt/M. (Suhrkamp) 1969

COHEN, Hermann: ***Kants Begründung der Ethik***, Berlin 1877

DAELE, Wolfgang van den: ***Die soziale Konstruktion der Wissenschaft - Institutionalisierung und Definition der positiven Wissenschaft in der zweiten Hälfte des 17. Jahrhunderts***, in: Gernot Böhme, Wolfgang van den Daele und Wolfgang Krohn (Hrsg.), *Experimentelle Philosophie. Ursprünge autonomer Wissenschaftsentwicklung*, Frankfurt/M. (Suhrkamp stw 205) 1977, S. 129-182

DILTHEY, Wilhelm: ***Das geschichtliche Bewußtsein und die Weltanschauungen***, in: ders., *Gesammelte Schriften*, Bd. VIII, Leipzig und Berlin (Teubner) 1931, S. 1-71

DILTHEY, Wilhelm: ***Das Wesen der Philosophie***, Hamburg (Meiner PhB 370) 1984

DILTHEY, Wilhelm: ***Der Aufbau der geschichtlichen Welt in den Geisteswissenschaften***, Frankfurt/M. (Suhrkamp stw 354) 1981

DILTHEY, Wilhelm: ***Die Entstehung der Hermeneutik*** (einschließlich der Zusätze aus den Handschriften), in: ders., *Gesammelte Schriften*, Bd. V Leipzig und Berlin (Teubner) 1924, S. 317-338

DILTHEY, Wilhelm: ***Einleitung in die Geisteswissenschaften. Versuch einer Grundlegung für das Studium der Gesellschaft und Geschichte*** (= Gesammelte Schriften, Bd. I), Leipzig und Berlin (Teubner) 1923

DILTHEY, Wilhelm - ***Briefwechsel zwischen Wilhelm Dilthey und dem Grafen Paul Yorck von Wartenburg (1877-1897)***, Halle (Niemeyer) 1923

EBERT, Theodor: ***Praxis und Poiesis. Zu einer handlungstheoretischen Unterscheidung des Aristoteles***, in: Zeitschrift für philosophische Forschung 1976 (Bd. 30), S. 12-30

FLACH, Werner: ***Transzendentalphilosophie und Kritik. Zur Bestimmung des Verhältnisses der Titelbegriffe der Kantischen Philosophie***, in: *Tradition und Kritik. Festschrift für Rudolf Zocher zum 80. Geburtstag*, Stuttgart (Frommann/Holzboog) 1967, S. 69-83

FORSCHNER, Maximilian: ***Naturzustand und Geschichte bei J.-J. Rousseau***, in: *Festschrift für Helmut Kuhn*, hrsg. von Rupert Hofmann, Jörg Jantzen und Henning Ottmann, Weinheim (VCH) 1989, S. 5-21

FORSCHNER, Maximilian: ***Synthesis und Handlung bei Aristoteles und Kant***, in: Gerold Prauss (Hrsg.), *Handlungstheorie und Transzendentalphilosophie*, Frankfurt/M. (Klostermann) 1986, S. 82-97

FRANK, Manfred: ***Einleitung***, in: Friedrich D.E. Schleiermacher, *Hermeneutik und Kritik*, mit einem Anhang sprachphilosophischer Texte Schleiermachers hrsg. von Manfred Frank, Frankfurt/M. (Suhrkamp stw 211) 1977, S. 7-67

GADAMER, Hans-Georg: ***Der Weg in die Kehre***, in: ders., *Heideggers Wege. Studien zum Spätwerk*, Tübingen (Mohr / Siebeck) 1983, S.103-116

GADAMER, Hans-Georg: ***Einführung***, in: Hans-Georg Gadamer und Gottfried Boehm (Hrsg.), *Seminar: Philosophische Hermeneutik*, Frankfurt/M. (Suhrkamp stw 144) ^{2}1979, S. 7-40

GADAMER, Hans-Georg: ***Kant und die hermeneutische Wendung***, in: ders., *Heideggers Wege. Studien zum Spätwerk*, Tübingen (Mohr/Siebeck) 1983, S. 45-54

GADAMER, Hans-Georg: ***Wahrheit und Methode. Grundzüge einer philosophischen Hermeneutik***, Tübingen (Mohr/Siebeck) ^{4}1975

GALILEI, Galileo: ***Sidereus Nuncius (Nachricht von neuen Sternen). Dialog über die Weltsysteme (Auswahl). Vermessung der Hölle Dantes. Marginalien zu Tasso***, hrsg. und eingeleitet von Hans Blumenberg, Frankfurt/M. (Suhrkamp stw 337) 1980

GERHARDT, Volker: ***Metaphysik und ihre Kritik. Zur Metaphysikdebatte zwischen Jürgen Habermas und Dieter Henrich***, in: Zeitschrift für philosophische Forschung 1988 (Bd. 42), S. 45-70

GETHMANN, Carl Friedrich: ***Letztbegründung vs. lebensweltliche Fundierung des Wissens und Handelns***, in: Forum für Philosophie Bad Homburg (Hrsg.), *Philosophie und Begründung*, Frankfurt/M. (Suhrkamp stw 673) 1987, S. 268-302

GETHMANN, Carl Friedrich und **HEGSELMANN**, Rainer: ***Das Problem der Begründung zwischen Dezisionismus und Fundamentalismus***, in: Zeitschrift für allgemeine Wissenschaftstheorie 1977 (Bd. VIII), S. 342-368

HABERMAS, Jürgen: ***Der philosophische Diskurs der Moderne***, Frankfurt/M. (Suhrkamp) 1985

HABERMAS, Jürgen: ***Die Moderne - ein unvollendetes Projekt***, in: ders., *Kleine politische Schriften I-IV*, Frankfurt/M. (Suhrkamp) 1981, S. 444-464

HABERMAS, Jürgen: ***Erkenntnis und Interesse***, Frankfurt/M. (Suhrkamp stw 1) ^{6}1981

HABERMAS, Jürgen: ***Handlungen, Sprechakte, sprachlich vermittelte Interaktionen und Lebenswelt***, in: ders., *Nachmetaphysisches Denken. Philosophische Aufsätze*, Frankfurt/M. (Suhrkamp) 1988, S. 63-104

HABERMAS, Jürgen: ***Metaphysik nach Kant***, in: ders., *Nachmetaphysisches Denken. Philosophische Aufsätze*, Frankfurt/M. (Suhrkamp) 1988, S. 18-34

HABERMAS, Jürgen: ***Theorie des kommunikativen Handelns***, 2 Bde., Frankfurt/M. (Suhrkamp) ^{2}1981

HACKER, Peter M.S. - siehe: BAKER, Gordon P. und HACKER, Peter M.S.

HARRISON, Ross: ***Zeitlose Notwendigkeit des Denkens***, in: Eva Schaper und Wilhelm Vossenkuhl (Hrsg.), *Bedingungen der Möglichkeit. »Transcendental Arguments« und transzendentales Denken*, Stuttgart (Klett-Cotta) 1984, S. 42-56

HEGEL, Georg Wilhelm Friedrich: ***Verhältnis des Skeptizismus zur Philosophie. Darstellung seiner verschiedenen Modifikationen und Vergleichung des neuesten mit dem alten***, in: ders., *Jenaer Schriften 1801-1807*, Werke (Theorie-Werkausgabe), Bd. 2, Redaktion Eva Moldenhauer und Markus Michel, Frankfurt/M. (Suhrkamp) 1980, S. 213-272

HEGSELMANN, Rainer - siehe: GETHMANN, Carl Friedrich und HEGSELMANN, Rainer

HEIDEGGER, Martin: ***Der Ursprung des Kunstwerks***, Stuttgart (Reclam RUB 8446) 1978

HEIDEGGER, Martin: ***Die Frage nach dem Ding. Zu Kants Lehre von den transzendentalen Grundsätzen***, Tübingen (Niemeyer) [2]1975

HEIDEGGER, Martin: ***Sein und Zeit***, Tübingen (Niemeyer) [15]1984

HEINRICH, Richard: ***Kants Erfahrungsraum. Metaphysische und kritische Entwicklung***, Freiburg und München (Alber) 1986

HENCKMANN, Wolfhart: ***Über das Moment der Allgemeingültigkeit des ästhetischen Urteils in Kants »Kritik der Urteilskraft«***, in: Lewis White Beck (Hrsg.), *Proceedings of the Third International Kant Congress (1970)*, Dordrecht (Reidel) 1972, S. 295-306

HENNIS, Wilhelm: ***Max Webers Fragestellung***, in: Zeitschrift für Politik 1982 (26. Jg. Neue Folge, Heft 3), S. 241-281

HENRICH, Dieter: ***Was ist Metaphysik - was Moderne? Zwölf Thesen gegen Jürgen Habermas***, in: ders., *Konzepte. Essays zur Philosophie in der Zeit*, Frankfurt/M. (Suhrkamp es 1400) 1987, S. 11-43

HINSKE, Norbert: ***Kants Weg zur Transzendentalphilosophie. Der dreißigjährige Kant***, Stuttgart u.a. (Kohlhammer) 1970

HINSKE, Norbert: ***Lebenserfahrung und Philosophie***, Stuttgart - Bad Cannstatt (Frommann-Holzboog problemata 100) 1986

HIRSCHFELD, Dieter: ***Verstehen als Synthesis. Die evolutionäre Form hermeneutischen Wissens***, Freiburg und München (Alber) 1985

HÖFFE, Otfried: ***Ist die transzendentale Vernunftkritik in der Sprachphilosophie aufgehoben? Eine Auseinandersetzung mit Ernst Tugendhat und Karl-Otto Apel***, in: Philosophisches Jahrbuch 1984 (91. Jg.), S. 250-272

HÖSLE, Vittorio, ***Begründungsfragen des objektiven Idealismus***, in: Forum für Philosophie Bad Homburg (Hrsg.), *Philosophie und Begründung*, Frankfurt/M. (Suhrkamp stw 673) 1987, S. 212-267

HOGREBE, Wolfram: ***Kant und das Problem einer transzendentalen Semantik***, Freiburg und München (Alber) 1974

HOLZ, Harald: ***Einführung in die Transzendentalphilosophie***, Darmstadt (Wissenschaftliche Buchgesellschaft) 1985

HOPPE, Hansgeorg: ***Die Bedeutung der Empirie für transzendentale Deduktionen***, in: Forum für Philosophie Bad Homburg (Hrsg.), *Kants transzendentale Deduktion und die Möglichkeit von Transzendentalphilosophie*, Frankfurt/M. (Suhrkamp stw 723) 1988, S. 114-134

HOSSENFELDER, Malte: ***Einleitung***, in: Sextus Empiricus, *Grundriß der pyrrhonischen Skepsis*, Frankfurt/M. (Suhrkamp stw 499) 1985, S. 9-90

HUMBOLDT, Wilhelm von: ***Plan einer vergleichenden Anthropologie***, in: ders., *Werke in fünf Bänden*, Bd. 1, hrsg. von Andreas Flitner und Klaus Giel, Darmstadt (Wissenschaftliche Buchgesellschaft) ^{3}1980, S. 337-375

HUMBOLDT, Wilhelm von: ***Ueber die Verschiedenheit des menschlichen Sprachbaues und ihren Einfluss auf die geistige Entwicklung des Menschengeschlechts***, in: ders., *Werke in fünf Bänden*, Bd. 3, hrsg. von Andreas Flitner und Klaus Giel, Darmstadt (Wissenschaftliche Buchgesellschaft) ^{6}1988, S. 368-756

HUME, David: ***A Treatise of Human Nature***, ed. by L.A. Selby-Bigge, 2nd Ed. with text revised and variant readings by P.H. Nidditch, Oxford (University Press) 1978

HUME, David: ***Enquiries concerning Human Understanding and Concerning the Principles of Morals***, ed. by L.A. Selby-Bigge, Oxford (University Press) ^{3}1975

INEICHEN, Hans: ***Erkenntnistheorie und geschichtlich-gesellschaftliche Welt. Diltheys Logik der Geisteswissenschaften***, Frankfurt/M. (Klostermann) 1975

INHETVEEN, Rüdiger: ***Über den Sinn des Gebrauchs von Modellen***, in: Matthias Gatzemeier (Hrsg.), *Aspekte der Abstraktionstheorie* (= Aachener Schriften zur Logik und Sprachphilosophie, Bd. 2), Redaktion Klaus Prätor, Aachen (Rader) 1988, S. 10-18

JOHACH, Helmut und RODI, Frithjof: ***Vorbericht der Herausgeber***, in: Wilhelm Dilthey, *Gesammelte Schriften*, Bd. XIX, Göttingen (Vandenhoeck & Ruprecht) 1982, S. IX-LVII

KAMBARTEL, Friedrich: ***Bemerkungen zur Frage »Was ist und soll Philosophie?«***, in: Hermann Lübbe (Hrsg.), *Wozu Philosophie? Stellungnahmen eines Arbeitskreises*, Berlin und New York (de Gruyter) 1978, S. 17-34

KAMBARTEL, Friedrich: ***Universalität als Lebensform. Zu den (unlösbaren) Schwierigkeiten, das gute und vernünftige Leben über formale Kriterien zu bestimmen***, in: ders., *Philosophie der humanen Welt. Abhandlungen*, Frankfurt/M. (Suhrkamp stw 773) 1989, S. 15-26

KAMLAH, Wilhelm und **LORENZEN**, Paul: ***Logische Propädeutik. Vorschule des vernünftigen Redens***, Mannheim u.a. (Bibliographisches Institut BI 227) ²1973

KANT, Immanuel - ***Kants gesammelte Schriften***, hrsg. von der Preußischen Akademie der Wissenschaften (Akademie-Ausgabe, AA), Berlin 1910 ff.

KANT, Immanuel: ***Vorlesungen über die Metaphysik***, (hrsg. von K.H.L. Pölitz), Darmstadt (Wissenschaftliche Buchgesellschaft) 1988 (reprographischer Nachdruck der Ausgabe von 1821)

KAULBACH, Friedrich: ***Philosophie als Wissenschaft. Eine Anleitung zum Studium von Kants Kritik der reinen Vernunft in Vorlesungen***, Hildesheim (Gerstenberg) 1981

KAULBACH, Friedrich: ***Schema, Bild und Modell nach den Voraussetzungen des Kantischen Denkens***, in: Studium Generale 1965 (18. Jg., Heft 7), S. 464-479

KENNY, Anthony: ***Wittgenstein***, Harmondsworth (Penguin / Pelican) ⁴1983

KLUGE, Alexander - siehe: NEGT, Oskar und KLUGE, Alexander

KÖHLER, Wolfgang R.: ***Zur Debatte um reflexive Argumente in der neueren deutschen Philosophie***, in: Forum für Philosophie Bad Homburg (Hrsg.), *Philosophie und Begründung*, Frankfurt/M. (Suhrkamp stw 673) 1987, S. 303-333

KÖHNKE, Christian: ***Entstehung und Aufstieg des Neukantianismus. Die deutsche Universitätsphilosophie zwischen Idealismus und Positivismus***, Frankfurt/M. (Suhrkamp) 1986

KÖRNER, Stephan: ***Erfahrung und Theorie. Ein wissenschaftstheoretischer Versuch***, Frankfurt/M. (Suhrkamp stw 197) 1977

KÖTTER, Rudolf: ***Modell und ökonomische Realität. Die Relevanz der Gleichgewichtstheorie als Grundlage der ordnungs- und wirtschaftspolitischen Diskussion***, in: Erich Hödl und Gernot Müller (Hrsg.), *Die Neoklassik und ihre Kritik* (Diskussionsband zu Ökonomie und Gesellschaft, Jahrbuch 1), Frankfurt/M. und New York (Campus) 1986, S. 41-59

KREISEL, G.: ***Modell***, in: Josef Speck (Hrsg.), *Handbuch wissenschaftstheoretischer Begriffe*, Bd. 2, Göttingen (Vandenhoeck & Ruprecht UTB 967) 1980, S. 437-440

KREISEL, G.: ***Modelltheorie***, in: Josef Speck (Hrsg.), *Handbuch wissenschaftstheoretischer Begriffe*, Bd. 2, Göttingen (Vandenhoeck & Ruprecht UTB 967) 1980, S. 440-443

KUHLMANN, Wolfgang: ***Ist die Transzendentalpragmatik eine philosophische Form des Fundamentalismus?***, in: Thomas Meyer (Hrsg.), *Fundamentalismus in der modernen Welt. Die Internationale der Unvernunft*, Frankfurt/M. (Suhrkamp es 1526) 1989, S. 33-49

KUHLMANN, Wolfgang: ***Reflexive Letztbegründung. Untersuchungen zur Transzendentalpragmatik***, Freiburg und München (Alber) 1985

KUHLMANN, Wolfgang: ***Tod des Subjekts? Eine transzendentalpragmatische Verteidigung des Vernunftsubjekts***, in Herta Nagl-Docekal und Helmuth Vetter (Hrsg.), *Tod des Subjekts?* (Wiener Reihe: Themen der Philosophie, Bd. 2), Wien und München (Oldenbourg) 1987, S. 120-163

KUHLMANN, Wolfgang: ***Was spricht für eine Philosophie des Kantischen Typs?*** in: Forum für Philosophie Bad Homburg (Hrsg.), *Philosophie und Begründung*, Frankfurt/M. (Suhrkamp stw 673) 1987, S. 84-115

LENK, Hans: ***Philosophie als Fokus und Forum. Zur Rolle einer pragmatischen Philosophie***, in: Hermann Lübbe (Hrsg.), *Wozu Philosophie? Stellungnahmen eines Arbeitskreises*, Berlin und New York (de Gruyter) 1978, S. 35-69

LENK, Hans: ***Vernunft als Idee und Interpretationskonstrukt. Zur Rekonstruktion des Kantischen Vernunftbegriffs***, in: ders. (Hrsg.), *Zur Kritik der wissenschaftlichen Rationalität* (Zum 65. Geburtstag von Kurt Hübner), Freiburg und München (Alber) 1986, S. 265-273

LEPENIES, Wolf: ***Die drei Kulturen. Soziologie zwischen Literatur und Wissenschaft***, Reinbek bei Hamburg (Rowohlt re 458) 1988

LICHTENBERG: ***Sudelbücher I und II*** (=Schriften und Briefe, 1. und 2. Bd.), München (Hanser) ³1980

LIPPS, Hans: ***Untersuchungen zu einer hermeneutischen Logik***, Frankfurt/M. (Klostermann) ²1959

LORENZEN, Arnold K.D.: ***Philosophie in der Erwachsenenbildung. Untersuchungen zur Legitimationsgeschichte und Ansätze zu einem Konzept exoterisch-lebensweltlich orientierten Philosophierens*** (= Göttinger Beiträge zur universitären Erwachsenenbildung Heft 8/1986)

LORENZEN, Paul - siehe: KAMLAH, Wilhelm und LORENZEN, Paul

LÜTHE, Rudolf: ***Kants Lehre von den ästhetischen Ideen***, in: Kant-Studien 1984 (75. Jg.), S. 65-74

LYOTARD, Jean-François: ***Der Enthusiasmus. Kants Kritik der Geschichte***, Wien (Böhlau edition passagen 17) 1988

LYOTARD, Jean-François: ***Der Widerstreit***, München (Fink) 1987

LYOTARD, Jean-François: ***Die Vernunftverwirrung***, in: ders., *Grabmal des Intellektuellen*, Graz und Wien (Böhlau edition passagen 2) 1985, S. 32-39

LYOTARD, Jean-François: ***Grabmal des Intellektuellen***, in: ders., *Grabmal des Intellektuellen*, Graz und Wien (Böhlau edition passagen 2) 1985, S. 9-19

LYOTARD, Jean-François: ***Grundlagenkrise***, in: Neue Hefte für Philosophie 1986 (Heft 26), S. 1-33

MISCH, Clara (Hrsg.): ***Der junge Dilthey. Ein Lebensbild in Briefen und Tagebüchern 1852-1870***, Stuttgart und Göttingen [2]1960

MITTELSTRAß, Jürgen: ***Neuzeit und Aufklärung. Studien zur Entstehung der neuzeitlichen Wissenschaft und Philosophie***, Berlin / New York (de Gruyter) 1970

MITTELSTRAß, Jürgen: ***Über »transzendental«***, in: Eva Schaper und Wilhelm Vossenkuhl (Hrsg.), *Bedingungen der Möglichkeit. »Transcendental Arguments« und transzendentales Denken*, Stuttgart (Klett-Cotta) 1984, S. 158-182

MORRIS, Charles W.: ***Die pragmatische Bewegung der amerikanischen Philosophie***, in: ders., *Pragmatische Semiotik und Handlungstheorie*, mit einer Einleitung hrsg. von Achim Eschbach, Frankfurt/M. (Suhrkamp stw 179) 1977, S. 193-345

MÜLLER, Roland: ***Zur Geschichte des Modelldenkens und Modellbegriffs***, in: Herbert Stachowiak (Hrsg.), *Modelle - Konstruktionen der Wirklichkeit*, München (Fink) 1983, S. 17-86

NEGT, Oskar und **KLUGE**, Alexander: ***Geschichte und Eigensinn***, Frankfurt/M. (Zweitausendeins) 1981

NENON, Thomas: ***Objektivität und endliche Erkenntnis. Kants transzendentalphilosophische Korrespondenztheorie der Wahrheit***, Freiburg und München (Alber) 1986

NIETZSCHE, Friedrich: ***Götzen-Dämmerung***, in: *Sämtliche Werke* (Kritische Studienausgabe), Bd. 6, München (dtv) 1980, S. 55-161

NIETZSCHE, Friedrich: ***Jenseits von Gut und Böse***, in: *Sämtliche Werke* (Kritische Studienausgabe), Bd. 5, München (dtv) 1980, S. 9-243

PLATON: ***Briefe*** (übersetzt von Hieronymus und Friedrich Müller) in: ders., *Sämtliche Werke*, Bd. 1, Hamburg (Rowohlt) 1957, S. 285-336

PLATON: *Politeia* (übersetzt von Friedrich Schleiermacher), in: ders., *Sämtliche Werke*, Bd. 3, Hamburg (Rowohlt) 1958

POTHAST, Ulrich: ***Philosophisches Buch. Schrift unter der aus der Entfernung leitenden Frage, was es heißt, auf menschliche Weise lebendig zu sein***, Frankfurt/M. (Suhrkamp) 1988

RIEDEL, Manfred: ***Begründung und Grundgebung. Zum Verhältnis von Wissenschaft und Philosophie***, in: Volker Gerhardt und Norbert Herold (Hrsg.), *Wahrheit und Begründung*, Würzburg (Königshausen & Neumann) 1985, S. 13-26

RIEDEL, Manfred: ***Einleitung***, in: Wilhelm Dilthey, *Der Aufbau der geschichtlichen Welt in den Geisteswissenschaften*, Frankfurt/M. (Suhrkamp stw 354) 1981, S. 9-80

RIEDEL, Manfred: ***Kritik der historisch urteilenden Vernunft. Kants Geschichtsphilosophie und die Grundlagenkrise der Historiographie***, in: ders., *Urteilskraft und Vernunft. Kants ursprüngliche Fragestellung*, Frankfurt/M. (Suhrkamp stw 774) 1989, S. 125-147

RIEDEL, Manfred: ***Verstehen oder Erklären? Zur Theorie und Geschichte der hermeneutischen Wissenschaften***, Stuttgart (Klett-Cotta) 1978

RIEHL, Alois: ***Der philosophische Kriticismus und seine Bedeutung für die positive Wissenschaft***, 1. Bd, Leipzig 1876

RÖD, Wolfgang: *Über die Bedeutung von Existenzaussagen*, in: Kant-Studien 56 (1965), S. 208-231

RÖD, Wolfgang: ***Transzendentalphilosophie und deskriptive Philosophie als wissenschaftliche Theorien***, in: Gerhart Schmidt und Gerd Wolandt (Hrsg.), *Die Aktualität der Transzendentalphilosophie. Hans Wagner zum 60. Geburtstag*, Bonn (Bouvier) 1977, S. 77-92

RODI, Frithjof - siehe: JOHACH, Helmut und RODI, Frithjof

ROHS, Peter: ***Philosophie als Selbsterhellung von Vernunft***, in: Forum für Philosophie Bad Homburg (Hrsg.), *Philosophie und Begründung*, Frankfurt/M. (Suhrkamp stw 673) 1987, S. 363-390

ROHS, Peter: ***Die transzendentale Deduktion als Lösung von Invarianzproblemen***, in: Forum für Philosophie Bad Homburg (Hrsg.), *Kants transzendentale Deduktion und die Möglichkeit von Transzendentalphilosophie*, Frankfurt/M. (Suhrkamp stw 723) 1988, S. 135-192

ROHS, Peter: ***Vorbemerkung***, in: Forum für Philosophie Bad Homburg (Hrsg.), *Kants transzendentale Deduktion und die Möglichkeit von Transzendentalphilosophie*, Frankfurt/M. (Suhrkamp stw 723) 1988, S. 7-10

RORTY, Richard: ***Consequences of Pragmatism (Essays: 1972-1980)***, Minneapolis (University of Minnesota Press) 1982

RORTY, Richard: ***Der Spiegel der Natur. Eine Kritik der Philosophie***, Frankfurt/M. (Suhrkamp) ³1985

SCHELER, Max F.: ***Die transszendentale und die psychologische Methode. Eine grundsätzliche Erörterung der philosophischen Methodik***, Leipzig 1900

SCHLEIERMACHER, Friedrich D.E.: ***Hermeneutik und Kritik***, mit einem Anhang sprachphilosophischer Texte Schleiermachers, hrsg. von Manfred Frank Frankfurt/M. (Suhrkamp stw 211) 1977

SCHNÄDELBACH, Herbert: ***Einleitung***, in: ders., *Rationalität. Philosophische Beiträge*, Frankfurt/M. (Suhrkamp stw 449) 1984, S. 8-14

SCHNÄDELBACH, Herbert: ***Einleitung. Über die Vernünftigkeit der Geschichte und die Geschichtlichkeit der Vernunft***, in: ders., *Vernunft und Geschichte. Vorträge und Abhandlungen*, Frankfurt/M. (Suhrkamp stw 683) 1987, S. 9-20

SCHNÄDELBACH, Herbert: ***Philosophie in Deutschland 1831-1933***, Frankfurt/M. (Suhrkamp stw 401) 1983

SCHNÄDELBACH, Herbert: ***Reflexion und Diskurs. Fragen einer Logik der Philosophie***, Frankfurt/M. (Suhrkamp) 1977

SCHNÄDELBACH, Herbert: ***Über Rationalität und Begründung***, in: Forum für Philosophie Bad Homburg (Hrsg.), *Kants transzendentale Deduktion und die Möglichkeit von Transzendentalphilosophie*, Frankfurt/M. (Suhrkamp stw 723) 1988, S. 67-83

SCHNÄDELBACH, Herbert: ***Vernunft***, in: Ekkehard Martens und Herbert Schnädelbach (Hrsg.), *Philosophie. Ein Grundkurs*, Reinbek bei Hamburg (Rowohlt re 408) 1986, S. 77-115

SCHNEIDER, Hans Julius: ***Pragmatik***, in: *Historisches Wörterbuch der Philosophie*, Bd. 7, Darmstadt (Wissenschaftliche Buchgesellschaft) und Basel (Schwabe) 1989, Sp. 1234-1241

SCHÖNRICH, Gerhard: ***Kategorien und transzendentale Argumentation. Kant und die Idee einer transzendentalen Semiotik***, Frankfurt/M. (Suhrkamp) 1981

SCHULZ, Walter: ***Wittgenstein. Die Negation der Philosophie***, Pfullingen (Neske) ²1979

SCHWEMMER, Oswald: ***Handlung und Struktur. Zur Wissenschaftstheorie der Kulturwissenschaften***, Frankfurt/M. (Suhrkamp stw 669) 1987

SEEBOHM, Thomas M.: ***Über die unmögliche Möglichkeit, andere Kategorien zu denken als die unseren***, in: Forum für Philosophie Bad Homburg (Hrsg.), *Kants transzendentale Deduktion und die Möglichkeit von Transzendentalphilosophie*, Frankfurt/M. (Suhrkamp stw 723) 1988, S. 11-31

SPINNER, Helmut F.: ***Max Weber, Carl Schmitt, Bert Brecht als Wegweiser zum ganzen Rationalismus der Doppelvernunft. Über die beiden äußersten Möglichkeiten, sich in einer irrationalen Welt rational zu orientieren***, in: Merkur 1986 (40. Jg.), S. 923-935

SPINNER, Helmut F.: ***Vereinzeln, verbinden, begründen, widerlegen. Zur philosophischen Stellung von Begründungs- und Kritikoptionen im Rahmen einer Systematik der Erkenntnisstile und Typologie der Rationalitätsformen***, in: Forum für Philosophie Bad Homburg (Hrsg.), *Philosophie und Begründung*, Frankfurt/M. (Suhrkamp stw 673) 1987, S. 13-66

SPINOZA, Benedictus de: ***Tractatus theologico-politicus*** (= Werke, 1. Bd.), hrsg. von Günter Gawlick und Friedrich Niewöhner, Darmstadt (Wissenschaftliche Buchgesellschaft) 1979

STACHOWIAK, Herbert: ***Allgemeine Modelltheorie***, Wien und New York (Springer) 1973

STACHOWIAK, Herbert: ***Modell***, in: Helmut Seiffert und Gerard Radnitzky (Hrsg.), *Handlexikon zur Wissenschaftstheorie*, München (Ehrenwirth) 1989, S. 219-222

STRIKER, Gisela: ***Kriterion tes aleteias***, Nachrichten der Akademie der Wissenschaften in Göttingen, I. Philologisch-historische Klasse, Jg. 1974 (Nr. 2), S. 51-110

THIEL, Christian: ***Abstraktion***, in: Helmut Seiffert und Gerard Radnitzky (Hrsg.), *Handlexikon zur Wissenschaftstheorie*, München (Ehrenwirth) 1989, S. 5-7

TUGENDHAT, Ernst: ***Antike und moderne Ethik***, in: ders., *Probleme der Ethik*, Stuttgart (Reclam RUB 8250) 1984, S. 33-56

TUGENDHAT, Ernst und **WOLF**, Ursula: ***Logisch-semantische Propädeutik***, Stuttgart (Reclam RUB 8206) 1983

VATTIMO, Gianni: ***Ergebnisse der Hermeneutik***, in: ders., *Jenseits vom Subjekt. Nietzsche, Heidegger und die Hermeneutik*, Wien (Böhlau edition passagen 10) 1986, S. 119-147

VOSSENKUHL, Wilhelm: ***Transzendentale Argumentation und transzendentale Argumente. Überlegungen zur Möglichkeit eines transzendentalen Kriteriums***, in: Philosophisches Jahrbuch 1982 (89. Jg.), S. 10-23

WEBER, Max: ***Die protestantische Ethik I. Eine Aufsatzsammlung***, hrsg. von Johannes Winckelmann, Gütersloh (Siebenstern) ^{6}1981

WELSCH, Wolfgang: ***Vielheit oder Einheit? Zum gegenwärtigen Spektrum der philosophischen Diskussion um die »Postmoderne«. Französische, italienische, amerikanische, deutsche Aspekte***, in: Philosophisches Jahrbuch 1987 (94. Jg), S. 111-141

WINDELBAND, Wilhelm: ***Lehrbuch der Geschichte der Philosophie***, hrsg. von Heinz Heimsoeth, Tübingen (Mohr / Siebeck) ^{17}1980

WITTGENSTEIN, Ludwig: ***Das Blaue Buch. Eine Philosophische Betrachtung (Das Braune Buch)***, hrsg. von Rush Rhees, Frankfurt/M. (Suhrkamp stw 313) 1980

WITTGENSTEIN, Ludwig: ***Philosophische Grammatik***, hrsg. von Rush Rhees, Frankfurt/M. (Suhrkamp stw 5) [3]1980

WITTGENSTEIN, Ludwig: ***Philosophische Untersuchungen***, Frankfurt/M. (Suhrkamp stw 203) 1977

WITTGENSTEIN, Ludwig: ***Tractatus logico-philosophicus. Logisch-philosophische Abhandlung***, Frankfurt/M. (Suhrkamp es 12) [11]1976

WITTGENSTEIN, Ludwig: ***Über Gewißheit***, hrsg. von G.E.M. Anscombe und G.H. von Wright, Frankfurt/M. (Suhrkamp Bibliothek 250) 1979

WITTGENSTEIN, Ludwig - ***Ludwig Wittgenstein und der Wiener Kreis. Gespräche, aufgezeichnet von Friedrich Waismann***, aus dem Nachlaß hrsg. von B.F. McGuiness, Frankfurt/M. (Suhrkamp stw 503) [2]1987

WOLF, Ursula - siehe: TUGENDHAT, Ernst und WOLF, Ursula

WUNDT, Max: ***Kant als Metaphysiker***, Stuttgart 1924

ZOCHER, Rudolf: ***Philosophie in Begegnung mit Religion und Wissenschaft***, München und Basel (Reinhardt) 1955

ZOCHER, Rudolf: ***Tatwelt und Erfahrungswissen. Eine Voruntersuchung zur Philosophie der Wirklichkeit und der empirischen Wissenschaften***, Wurzach/Württ. (Pan) 1948